中华民国纪念邮票

THE COMMEMORATIVE STAMPS OF REPUBLIC OF CHINA

马家骏 编著

马家骏

山西出版传媒集团

山西人民出版社

图书在版编目（ＣＩＰ）数据

中华民国纪念邮票 / 马家骏编著. — 太原 ：山西人民出版社，2013.9
ISBN 978-7-203-08209-5

Ⅰ. ①中… Ⅱ. ①马… Ⅲ. ①邮票—历史—中国—民国 Ⅳ. ①F632.9

中国版本图书馆CIP数据核字(2013)第108921号

中 华 民 国 纪 念 邮 票

著　　者：	马家骏
责任编辑：	梁晋华
装帧设计：	张建平

出 版 者：山西出版传媒集团·山西人民出版社

地　　址：太原市建设南路 21 号

邮　　编：030012

发行营销：0351-4922220　　4955996　　4956039
　　　　　　0351-4922127　（传真）　　4956038（邮购）

E-mail：　sxskcb@163.com　　发行部
　　　　　　sxskcb@126.com　　总编室

网　　址：www.sxskcb.com

经 销 者：山西出版传媒集团·山西人民出版社

承 印 者：山西文博印业有限公司

开　　本：787mm×1092mm　　1/16

印　　张：12.75

字　　数：200千字

印　　数：1—2500册

版　　次：2013年9月　第1版

印　　次：2013年9月　第1次印刷

书　　号：ISBN 978-7-203-08209-5

定　　价：68.00元

如有印装质量问题请与本社联系调换

前　言

　　1911 年爆发的辛亥革命,推翻了清朝的统治。1912 年 1 月 1 日中华民国建立,中华民国邮政(简称中华邮政)也随之诞生。自 1912 年始,至 1949 年 10 月 1 日中华人民共和国成立之时止,历时 38 年,其间中华邮政共发行纪念邮票 29 套、特种邮票 3 套、附捐邮票 3 套。

　　中华民国时期发行的邮票,是我国邮票的组成部分之一。这些邮票从侧面反映了 20 世纪上半世纪中华民国的历史,从孙中山领导的辛亥革命成功到袁世凯篡政称帝,从北洋军阀混战到国民政府统一,从抗日战争到国民党政府政治、经济崩溃。

　　中华民国初期,由于军阀割据,内战频繁,且各省政治经济发展极不平衡,币制又不统一,为了确保邮政收入,中华邮政从 1915 年起开始发行"限地方贴用"邮票。截至 1949 年 9 月底,中华邮政发行过针对新疆、云南、吉黑、台湾、东北等 5 个省和地区的"限地方贴用"纪念邮票和特种邮票。

　　中华邮政邮票反映了当时国家的经济状况。邮票面值的币制原是"银圆"。1935 年 11 月实行"法币"后,邮票面值又改以法币表示。1941 年开始受战争的影响,物价飞涨,货币贬值,邮资不断调整,新面值邮票常常来不及印制,便大量发行加盖改值邮票。抗战胜利后,通货膨胀愈演愈烈。到了 1948 年 7 月,邮票面值竟高达法币 500 万元。同年 8 月 19 日,不得不改用"金圆券"。当时法币 300 万元才能折合金圆券 1 元,但是,不到半年,邮票面值即从金圆 1/2 分一跃而至金圆 50 万元。至此,国家经济崩溃。邮票面值实在无法维持,便改用"单位"邮票,或名义为"银圆"的基数邮票。

笔者在组编《中华邮政纪特邮票》邮集时,对邮票的资料信息进行了研究,每一套邮票写了一篇文章,对以下各主要方面作了介绍和探讨。

1.邮票的发行日期,发行时的历史背景,发行过程,与该套邮票有关的人物和内容的介绍;

2.每套邮票的枚数,每种邮票的图案、面值、刷色、发行数量和用途;

3.邮票的图幅尺寸,发行全张的排列,版别比较,变体及暗记,版式及相关邮戳;

4.试模样张,试色样张及在美国印刷的样张与邮票尺寸有差异的研究;

5.应用实寄封,特别是"限省贴用票"的实寄封。

文章在《集邮报》从 2008 年 7 月到 2009 年 12 月连载发表后,受到读者欢迎,也提出了一些宝贵意见,加上近几年收集得到的新资料,对原文作了修改,并附上彩色插图,汇编成册。

在编写过程中,得到了许多集邮家的支持和帮助,特别是刘广实、杨耀增、马佑璋、刘佳维、狄超英、李明、李鸿远、余耀强、陆游、芮伟松、谢孜学、肖英、王宝恭等先生的热情支持和帮助,谨在此表示诚挚的谢意。

笔者邮识浅薄,错误与疏漏在所难免,望读者予以批评指正。

Preface

After the success of the 1911 Revolution in 1911,the Republic of China (1912~1949) was established on Jan.1,1912,while the Republic of China Postal Service (the Chinese Postal Service in short) came into being then after.During the 38 years from 1912 to the eve of establishment of the People's Republic of China on Oct.1,1949,the Chinese Postal Service issued commemorative stamps of 29 sets,special stamps of 3 sets,Semi-Postal stamps of 3 sets.

Stamps issued during the period of the Republic of China are one essential part of the stamps in China,which indirectly reflected the history of the Republic of China in the early half of the 20th century,covering those major events including the success of the Revolution of 1911 (the Chinese bourgeois democratic revolution led by Dr.Sun Yat-sen which overthrew the Qing Dynasty),Yuan Shikai's taking over and ascending the throne,the tangled fights among the Northern Warlords,the unification of the National Government,the Anti-Japanese War and the political and economic collapse of the KMT (Kuomintang) government.

During the period of the Republic of China (1912–1949),the separatist warlords set up their own regimes and staged civil wars frequently meanwhile, the were political and economic development unbalanced,with the non -unified monetary systems among various provinces.In such chaos,the Chinese Postal Service issued provinciall restricted stamps from 1915 to ensure its postal income.By Sept 1949,5 provinces had issued their stamps for the commemorative stamps and special stamps.

The postage stamps of the Chinese Postal Service mirrored the then economic situation of the country.The face values of the early stamps were in Silver yuan,and they were changed to Fabi after the legal tender was in circulation of Nov,1935.From 1941,the price jumped,and the money devalueted with the impact of the war,while the postage had to be readjusted constantly.The new stamps could not follow suit on press,and overprinted and surcharged stamps had to be issued in large quantities. After the victory over the Anti–Japanese War,the currency inflation became increasingly fierce,and the face value of a stamp even reached as high as 5 million yuan in the legal tender by Jul 1948.On Aug19 of the same year,the stamp face value had to be changed to Gold yuan,and at that time 3 million Fabi yuan could only be converted into 1 Gold yuan. But six months later,the face value of a stamp jumped form 0.5 fen of Gold yuan to 0.5 million Gold yuan.By the time,the economy of the country broke dowm completely,and the face value system of stamps could not continue whatever,so that unit postage and basic postage stamps in the name of Silver yuan had to be put into use.

While compiling the collection of the 《Commemortive and Special Stamps of China》,we carefully studied the information of these stamps and wrote respectively some relevant articles about each set of stamps, trying to approach the following aspects:

1.The issue date of stamps,the historical background while issuing the stamps and the introduction of persons and contents concerned;

2.The number of each set of stamps,the design and face value,color washing,the amount of distribution and use of each type of stamps;

3.The size of the stamps,arrangement of a sheet,contraste of different plates, varieties and secret marks,settings and relevant postmarks;

4.Trial plate proofs, trial color proofs and the study of differences in size between those proofs and stamps printed in U.S;

5.Entire covers,esp.those applied within "provincially restricted stamps".

Those articles were serialized on "Philately News" from July,2008 to December,2009 and became popular among readers, who also offered some pieces of valuable advice.Then,together with the new data collected in recent years,the boon were finally compiled with color illustration.

Here,we'd like to express our sincere gratitude to those who once offered us wonderful guidance during the process of compiling. Our special thanks should go to Liu Gangshi, Yang Yanzeng, Ma Youzhang, Liu Jiawei, Di Chaoying Li Ming, Li Hongyuan, Lu You, Rui Weisong, Xie Zixue, Xiao Ying, Wang Baogong, etc.

There might be some limitations in this collection.And any comments and suggestions will be welcome. Much obliged.

目 录 Catalogue

纪念邮票 Commemorative Stamps

特种邮票　Special Stamps

附捐邮票　Semi-Postal Stamps

附录　Appendix

纪 念 邮 票

一、光复、共和纪念邮票

武昌起义，辛亥革命成功，推翻清政府，成立了中华民国，但邮政实权仍掌握在北京邮政总局总办法国人帛黎之手。帛黎将清蟠龙邮票加盖"临时中立"、"临时中立 中华民国"等先后发行，藐视我国主权，伤害我国国体。

1912 年 1 月 1 日，孙中山先生在就任中华民国南京临时政府临时大总统后，对于筹印正式邮票极为重视，在记事簿中，专页记载设计发行新邮票

图1-1

所用图案等（附图 1-1）。这页笔记正面上部横写的四行内容为：法文"Republique Chinoise"（中华民国）、"中华民国元年"、"特别用总统像、光复纪念"、"平常用飞船"等文字，均为孙中山手书。并贴有胶州绿色二分票（德国在青岛"租借地"发行）、俄国红色三分票、比利时绿色二分票各一枚，供参考用。该页背面有交通部邮政司司长陈廷骧、邮政司科长唐文启等人的签名。

陈廷骧于 1912 年 3 月 10 日与上海商务印书馆签订合同，定印凹版中华民国光复纪念邮票全套五种共 1200 万枚，以孙中山先生侧面像为主图（附图1-2）。同时印出了以飞机作主图的普通邮票试印样票（附图 1-3）。

图1-2

图1-3

1912 年 3 月 10 日，袁世凯在北京就职第二任临时大总统，并于 3 月 30 日任命了新内阁各部总长，陈廷骧被排挤去职，中国的邮政大权依然由外籍总办掌握。帛黎废弃了南京临时政府定印的"光复纪念"邮票，筹印"地图共和纪念"邮票（附图 1-4），计划全套 13 枚，由北京财政部印刷局印制。

图1-4

该票中绘中华民国全图，上为"中华民国共和纪念"，下为英文"Chinese Republic Memorial Stamp"，图中斜列"大中华民国"及英文"The Republic of China"，两旁分印"邮"、"票"两字，四角为数值。该邮票图样上呈后，交通部官员认为"谬误之处不胜枚举"：①"中华民国共和纪念"和"大中华民国"排列方向相反；②"中华民国"与"大中华民国"名称歧异；③中华民国英译名外交部定为："the Republic of China"，此票上之"Chinese Republic"不合规定。交通部次长向外交部查明英文译名后，于 1912 年 6 月 4 日第 30 号文批示：该纪念邮票"自无发行之理"。将已印好待打孔的邮票全部焚毁，仅留少量样张，加盖"作废（Cancelled）"小椭圆章（有少数未盖"作废"章）。

　　袁世凯继任大总统后，企图以其肖像作为共和纪念邮票图案，但是由于南方的革命势力依然强大，孙中山的威望和丰功伟业不容忽视，最后折衷的结果是以孙中山像和袁世凯像为主图的"光复"和"共和"两套纪念邮票同时开印，并在同一天发行。

　　"中华民国光复纪念"邮票中心图像为孙中山像（附图 1-5），两旁为稻穗，上部文字为"中华民国光复纪念"，底部英文为"IN COMMEMORATION OF THE REVOLUTION"（革命纪念）。"中华民国共和纪念"邮票中心图像为袁世凯像（附图 1-6），两旁为麦穗，上部文字为"中华民国共和纪念"，底部英文为"IN COMMEMORATION OF THE REPUBLIC"（共和纪念）。

　　此票由北京财政部印刷局印制，设计、镌刻者为美国人罗兰素·海趣（Lorenzo J.Hatch）和威廉·格兰特（William A.Grant）。两组票之厂铭均为英文大写字体"CHINESE BUREAU OF ENGRAVING AND PRINTING"，全张 50 枚者位于第 2-4 号票之上方及第 47-49 号票之下方（附图 1-7）；100 枚者分别位于第 2-4 号票及第 7-9 号票之上方和第 92-94 号票及第 97-99 号票之下

图1-5

图1-6

方,厂铭颜色与邮票相同(附图 1-8、1-9、1-10)。

两套邮票的面值、刷色、枚数(各为 12 枚)、齿度(14 度)、图幅(22×29.5 毫米)、全张枚数(横五纵十计 50 枚及纵横各十计 100 枚 2 种)及印制数量均

图1-7

图1-8

图1-9

图1-10

相同(附表 1–1)。

两套合计共印 780 万枚,面值总计为 121 万元。

两套邮票于民国元年(1912 年)12 月 15 日同日发行。由上海供应处分发各局发售,售至民国二年 4 月 30 日,未经售尽之票,缴交各邮区管理局,再售至民国二年 7 月 31 日止。过此日限,须将邮票一律退回供应处销毁。该两项纪念票之停止使用日期为民

表 1–1 光复、共和纪念邮票面值、刷色等资料

序号	面值	刷色	印刷数量	用途
1	1 分	桔黄	300,000 枚	本埠平信
2	2 分	黄绿	300,000 枚	国际印刷品
3	3 分	蓝绿	2,000,000 枚	外埠平信
4	5 分	玫紫	300,000 枚	本埠挂号
5	8 分	棕	250,000 枚	外埠挂号
6	1 角	蓝	300,000 枚	国际平信
7	1 角 6 分	橄紫	100,000 枚	蒙古、新疆挂号
8	2 角	紫红	150,000 枚	国际挂号
9	5 角	深绿	50,000 枚	大宗包裹
10	1 元	深红	50,000 枚	大宗包裹
11	2 元	黄棕	50,000 枚	大宗包裹
12	5 元	灰	50,000 枚	大宗包裹

国九年(1920年)10月1日。

据统计,"光复"邮票共售出 2945872 枚,"共和"邮票共售出 2952957 枚,两套邮票售出量仅相差 7085 枚(千分之二)。这个数字说明过去有些集邮家认为"当时袁氏当国,故共和票发行较多,而光复票则较少"的说法是不确切的。该套票收回后除少量留存("光复"33696 枚,"共和"33676 枚),共销毁 1863171 枚(附表 1-2)。

表 1-2 "光复"、"共和"邮票销毁量

面值	1分	2分	3分	5分	8分	1角	1角6分	2角	5角	1元	2元	5元	合计
"光复"销毁量	351	10244	505042	51024	70884	60301	33564	69391	18159	30953	41216	44999	936128
"共和"销毁量	331	10051	498699	47174	69590	62378	33159	69722	18374	31401	41224	44940	927043
总销毁量													1863171

但因焚烧时堆积过厚,且票背有厚胶,故未能焚烧透彻,所遗完整者又流入邮市,但其中"光复"二元面值者较少,市价较高。

此两套票印刷过程中监督极严,成品又经严密检查,故未有任何大变体发现。1912 年 12 月 30 日,由财政部印刷局及交通部特派监视员 4 人,将印制用品钢版 26 块、钢轴 9 个、钢模 13 个,以及印制中产生的废票 1215108 枚,全部在印刷厂内销毁。从以上发行限期、逾期收回销毁,印刷中监督检查严格,销毁废票 121 万多枚,占总印数 780 万枚之 15.6%,可见当时的邮政管理还是相当严格有序的。

据施塔氏(注)的记载,所发现的变体有三种齿孔变体:①"光复纪念"3 分旧票,三边为 14 度齿,而左边为 11.5 度齿;②"光复纪念"3 分新票,左边漏齿;③"共和纪念"8 分旧票,错齿变体。其他齿孔变体也偶有发现,笔者收集到

注:吉姆斯·施塔是美国集邮家,曾任美国中华集邮会会长。其华邮藏品十分丰富,尤多珍品。如阔边大龙黄 5 分票 25 枚全张(孤品),红印花加盖小壹圆、贰圆、宫门倒印等。著有《中国航空邮鉴》等。

"光复纪念"3分旧票（附图1-11），"共和纪念"2角旧票大移位（附图1-12），上行齿孔打在上面票图中，距上框线4.5毫米，下行齿孔打在底边内，两行英文字仅剩一行；还收集到"共和纪念"贰圆横齿大位移（附图1-13）等。

图1-11

图1-12

图1-13

样票有下列数种：

①母模宽边黑色印样：黑色，印于羊皮纸上，无齿孔，也未印面值（附图1-14、1-15）。

图1-14

图1-15

图1-16

图1-17

图1-18

图1-19

②试模样张:"光复"、"共和"均有单张样票(附图1-16、1-17),但因两套同时发行,就出现了"光复和共和纪念邮票母模试印双连"在同一样票内,印上同值的"光复"及"共和"纪念票各一枚(附图1-18、1-19),这在邮票史中也是罕见的。

③加盖"Specimen"字样之样张,黑色加盖于票之下端。此票乃分发各邮局及联邮各国作样张之用。

使用实例选用2个:一为1913年9月11日广州寄北京的光复3分票国内平信,销广州63号邮政信箱邮戳(附图1-20)。二为中华邮政发行的第一套"五色旗明信片"加贴共和3分票1913年3月24日北京寄美国(沈阳中转,经西伯利亚由欧洲转美国)的国际明信片(附图1-21)。

图1-20

图1-21

二、袁世凯和"开国纪盛"（未发行票）

　　袁世凯于 1859 年生于河南项城。1885 年以"办理朝鲜交涉通商事务"的名义驻朝办事。1895 年参加维新团体"强学会"。后在荣禄推荐下，以道员衔在天津小站训练"新建陆军"。戊戌政变前夕，出卖维新派，获得慈禧太后宠信。1899 年升任山东巡抚，镇压义和团。1901 年继李鸿章任直隶总督、北洋大臣。1903 年为练兵处会办大臣，借改革军制扩编北洋军为六镇，从此成为北洋军阀的首领。1907 年调任军机大臣、外务部尚书。1909 年初，摄政王载沣罢免袁世凯一切职务。1911 年（宣统三年）武昌起义后，凭藉北洋势力和帝国主义的支持，袁世凯出任"内阁总理大臣"。袁世凯于 1912 年初出兵向革命党要挟议和，一面威胁孙中山让位，一面挟制清帝于 2 月 12 日退位。孙中山辞去"临时大总统"职位，袁世凯于 1912 年 3 月 10 日窃取中华民国临时大总统职位，在北京建立地主买办联合专政的北洋军阀政权。

　　袁世凯当上大总统后，又于 1914 年 5 月，废除南京临时政府制定的《临时约法》，公布《新约法》，规定实行总统制，由总统总揽全国军政大权。12 月，又抛出《修正大总统选举法》，规定总统任期十年，可连选连任终身，继任者由总统指定。但袁世凯还不满足，进而想要复辟帝制做皇帝。1915 年 5 月接受日本提出的企图灭亡中国的《二十一条》，得到日本支持。1915 年 8 月成立"筹安会"，"劝进"袁世凯做皇帝。

　　1915 年 12 月，袁世凯发布接受帝位的"申令"，废除中华民国国号，变国体为"中华帝国"，将民国五年（1916 年）改元为"洪宪元年"。

　　在筹备帝制的过程中，袁世凯的亲信交通部长梁敦彦责成邮政总局以最快的速度制作"中华帝国"邮票。1916 年 1 月 15 日审定"开国纪盛"邮票印样，交由财政部印刷局开印，预定 2 月 9 日交付第一批邮票。

　　"中华帝国开国纪盛"正式图案共三种，第一种为正阳门（前门），面值 5

分(附图 2-1);第二种为天安门,面值 1 角(附图 2-2);第三种为承运殿(太和殿),面值 5 角(附图 2-3)。预定印制 286 万枚。另加盖"限新省贴用"票(附图 2-4、2-5、2-6)16 万枚。

图2-1

图2-2

图2-3

图2-4

图2-5

图2-6

袁世凯的倒行逆施,遭到全国人民的一致反对,以孙中山为首的革命党人发动了一系列的讨袁武装革命,原云南都督蔡锷等人发起了讨袁"护国战争",南方各省相继宣布独立,连袁世凯的嫡系北洋军阀各将领也密电劝袁放弃帝制,袁世凯陷入众叛亲离之中。在全国军民的声讨中,袁世凯仅做了 83 天皇帝,就于 1916 年 3 月 22 日,被迫宣布取消帝制,仍称大总统。1916 年 6 月 6 日,袁世凯病死。副总统黎元洪继任大总统。

袁世凯迫于压力取消帝制并死亡之后,为其"洪宪皇帝"登基制印的"中华帝国"邮票随之作废,所印"开国纪盛"邮票已不能使用,决定将该邮票全数销毁。经请示并获交通部批复:"准予所请,除留 2000 套盖以 Specimen(样票)字样库存外,其余现存全数邮票,准予销毁,并派员前往监视。"

1916 年 8 月 1 日上午 9 时至 10 时,在交通部秘书宋康复现场监视下,这批作废邮票("开国纪盛"邮票 2873500 枚,"开国纪盛"加盖"限新省贴用"邮票 167500 枚)在北京白纸坊财政部印刷局炉内销毁。

三、中华邮政开办二十五年纪念邮票

清光绪二十二年二月初七日（即公元 1896 年 3 月 20 日），总理衙门奏准将海关邮政改为国家邮政。至 1921 年 3 月 20 日，已经二十五年。1920 年 12 月底，交通部编译员鲍锞在编辑《邮政创设年数大略》时提出：邮政开办即将二十五周年，拟请发行纪念邮票。

1921 年 1 月 11 日，交通总长叶恭绰为发行"中华邮政开办二十五年特别纪念"邮票事，具呈大总统徐世昌，其呈文曰："我国邮政，自前清光绪二十二年二月初七日，经总理各国事务衙门奏准开办，迄今恰届二十五载，各省区大小局所，现计一万有余，一年内开发汇票数在六千万元以上，利国便民，以视先进国邮政，似无不及。兹拟略仿泰西通例，饬令邮政总局，印行特种邮票，以为纪念。"1 月 16 日奉指令照准发行。

最初设计，系以总统徐世昌为中央主图。徐世昌是北洋军阀中文化程度最高的，系光绪朝进士、翰林；后协助袁世凯创办北洋军，有"军师"之称。曾任清东三省总督、邮传部尚书、军机大臣，袁世凯政府国务卿。1918 年由段祺瑞控制的"安福国会"（注）选徐世昌为大总统后，就拟发行就职纪念邮票，但因时间赶不及，只能于 1918 年 10 月 10 日就任之日在邮件上加盖特制纪念邮戳（附图 3-1），内有"徐大总统就任纪念"的字样。由于徐世昌就职纪念邮票未能发行，所以邮政总局借邮政开办二十五周年纪念邮票的

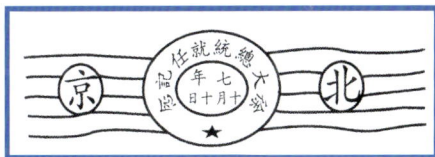

图3-1

注：安福系是北洋皖系军阀操纵的政客集团。1918 年皖系政客徐树铮、王揖唐等在北京安福胡同成立"安福俱乐部"，贿买选票，包办选举，当时称该集团为"安福系"，该国会为"安福国会"。

机会,将徐世昌像作为邮票的主图。经再三推敲,于1月21日上报的设计方案中,以总统徐世昌、当任国务总理靳云鹏、交通总长叶恭绰三人之肖像,作品字形排列为主图。总统像居中,靳像居右,叶像居左;总统像上半圆框内印"中华邮政开办廿五年之纪念"十二字,半圆框旁衬以嘉禾,左右上角为中文面值,下端中央为英文面值。仍由美籍技师海趣与格兰特刻模,财政部印刷局印制。

这套邮票原来应在1921年3月20日,即中华邮政开办二十五周年之日发行,但是有三方面的原因影响了邮票的发行日期:①1920年12月底鲍锞才提出发行建议,1921年1月16日徐世昌才批准发行,只有两个来月,时间太紧;②邮票设计图稿由徐世昌一个人的肖像,更改为三个人的肖像;③在镌版过程中,围绕三个人的像"肖"与"不肖"的问题,交通部、邮政司、邮政总局和财政部印刷局之间,有过多次的商讨和修改,直到1921年5月,才审定邮票最后的印样。民国十年9月15日,邮政总局始发行通告,定于10月10日在各邮政局及各地代办所同时发售,是日恰逢徐世昌大总统就职三周年。

表3-1

面值	1分	3分	6分	1角
刷色	桔黄	蓝绿	灰	深蓝
未加字票	150万枚	150万枚	75万枚	75万枚
限新省贴用	10.41万枚	6.41万枚	5.41万枚	1.41万枚
用途	本埠平信	外埠平信	蒙新平信	国际平信

该票面值、刷色、印刷数量及用途见附表3-1。全张枚数为纵横各十计100枚,厂铭为英文"Bureau of Engraving and Printing Peking China",阴文体英文字体位于矩形的长框内,分别位于第2-4号票及第7-9号票之上方(附图3-2、3-3)和第92-94号票及第97-99号票之下方,厂铭颜色与邮票刷色相同。

图3-2

图3-3

试模样张(无齿)见附图 3-4,邮票见附图 3-5、3-6、3-7、3-8(其中正票及限新省贴用各 2 张)。

图3-4

图3-5

图3-6

图3-7

图3-8

图幅纵 23 毫米,横 33 毫米。全张枚数纵横各十,计 100 枚。齿孔 14 度。

"限新省贴用"票,为新疆纪念邮票加盖之第一套,由财政部印刷局在原票阿拉伯数值上,加盖横形"限新省贴用"楷体字。当时因军阀割据,各地币值不同,如新疆地方货币——"羌银",含银成分低劣,与内地银元相比,仅值十分之二三;邮政当局为防止利用在新疆购买邮票,到内地倒运牟利,所以从北京一版帆船邮票(1915 年)起,开始加盖"限新省贴用"字样,以防流弊。

在发行省份上,广东、广西、四川、湖南、云南及贵州等六个省,因政治环境关系特殊,邮政总局为避免不必要之麻烦,故于发行前三日,分电各有关邮区停售。因为徐世昌之出任总统,是由北洋皖系军阀控制的所谓"新国会"——"安福国会"在1918年8月选出的。而孙中山先生已于1918年1月在广州召开国会非常会议,选举孙中山先生为非常大总统,法不两立,因此徐世昌图像之邮票在广东等六省停售。

此票发售至民国十一年(1922年)3月31日止,各属局及代办所未售出之票,应交回各该隶属之邮区管理局,各管理局仍发售至6月30日,过此期限,剩余邮票均应上交销毁。退回邮票销毁情况见附表3-2。

表3-2　　　　　邮政开办二十五年纪念邮票退回销毁资料

面值	1分	3分	6分	1角	合计
未加字者	47949	42059	61891	27495	179394
限新省贴用	36744	18083	8197	1175	64199

以上两种合计243593枚,于1925年2月6日午后由邮政局邮票监视员监督全数焚毁。

这套纪念票雕刻制版精细,印刷质量监督检查严格,因此迄今尚无变体发现。笔者仅收集到齿孔移位及折白等信销票。但笔者收藏之旧票中有一枚销岳州(1921年10月21日)邮戳(附图3-9)的。按,岳州地名自隋至清为岳州府,属湖南省,民国废府,改名岳阳;大概有些内地邮局因收到邮政总局停售令较迟,已售出少量邮票,湖南等六省之信销票是很少见的。还有一个有趣的邮戳是该票在民国十年十月十日发行,有集邮爱好者特地在首发日上午十时到上海邮政第十分局去销印寄发(附图3-10),印戳上便有了十年十月十日十时十局五个十字。

图3-9   图3-10

　　应用实例:一为 1921 年 10 月 10 日 10 时(发行首日)的上海本埠平信
(背面有投递戳)(附图 3-11);二为 1922 年 8 月 21 日北京经沈阳,西伯利亚,
欧洲到美国(9 月 26 日)的国际挂号信(附图 3-12),上贴整套邮票,符合邮资
2 角;三为 1922 年 2 月 10 日新疆叶城寄莎车(2 月 11 日)的双挂号信(附图
3-13)。

图3-11

图3-12

图3-13

四、宪法纪念邮票

1916 年 6 月 6 日袁世凯死后，副总统黎元洪继任大总统。黎元洪也想在"制宪"上有所作为。邮政总局乃于 1917 年 4 月 9 日向交通部呈请："兹拟于宪法成立，发行新式纪念邮票。"并同时呈报了财政部印刷局制备的邮票式样："此等邮票拟分四种……一分者黄色，系备各局投递界内邮资之用；三分者灰绿色，系备国内邮资之用；五分者紫色，系与三分邮资相辅备作挂号资费之用；一角者蓝色，系备国外邮资之用。倘欲使用红色邮票，则可将五分一种改为四分。此种邮票一面可作国外明信片之邮资，一面可用其两枚（代替五分和三分）备作挂号资费之用。"1917 年 4 月 17 日，交通部发出指令："所拟发行宪法纪念邮票种类内五分者可不用，即用四分以红色套印。余均准如所拟办理。"（《中国邮票史》第二章第四节）

宪法纪念邮票全套四枚，邮票主题取材于开会地址北京天坛，以天坛祈年殿为邮票中心图案，于祈年殿正门加刻国旗（五色旗）两支作交叉状，主图两旁，环以嘉禾，其两侧则伴以石柱，上额刻"中华民国邮政"六字，下首刻"宪法纪念"四字，上方左右角为中文数值，下方左右角为英文数值。由美籍技师威廉·格兰特进行版模雕刻，北京财政部印刷局凹版印刷。票幅纵横 30.5×25mm。全张枚数纵五横十，计 50 枚。齿孔 14 度。面值、刷色及印刷数量见表 4-1：

表 4-1

面值	刷色	无加盖票发行数量	新省贴用发行数量	用途
1 分	桔黄	2,500,000	100,000	本埠平信
3 分	黄绿	2,500,000	150,000	外埠平信
4 分	红	1,250,000	60,000	挂号信(2 枚合用)
1 角	蓝	1,000,000	30,000	国际平信

厂铭为英文大写字体"CHINESE BUREAU OF ENGRAVING AND PRINT-

图4-1

ING"，分别位于第2-4号票及第7-9号票之上方和第92-94号票及第97-99号票之下方，厂铭颜色与邮票颜色相同（附图4-1、4-2、4-3）。

图4-2

图4-3

　　由于军阀混战，军阀们崇尚武力强权，并不热心"制宪"，而黎元洪也难有作为。1917年6月，张勋统兵入京，逼黎元洪解散国会，驱黎出京。7月1日，张勋拥溥仪复辟。7月12日，皖系军阀段祺瑞击败张勋，恢复"共和"，由冯国璋代理"大总统"。邮票已经印好，"制宪"并未完成，邮票也未能发行，只好全部收储入库。

　　1922年第一次直奉战争后，直系军阀控制北京，徐世昌被赶下台，直系军阀又扶黎元洪出任"大总统"。民国十二年（1923年）6月13日，黎元洪被直系所迫辞职。直系政客拟于9月13日前选举直系军阀曹锟继任总统，但非直系国会议员拒不出席，国会不足法定人数，无法选举。

　　直系为达成拥立曹锟之目的，制订"议员岁费暂行支给法"，又提出延长众议员任期及其他出席优待办法，并商妥大选与制宪同时并进。10月4日，宪法会议始得开成，主席众议院议长吴景濂以地方制度第二条以下进行表决，全数二读通过。10月5日大选，出席议员590人，曹锟贿选总统（议长银元40万元,议员每人银元5000元),会场外以军队包围,扬言不通过不许出会场;结果曹锟以480票当选"大总统",舆论有"猪仔总统"、"猪仔议员"之称。10月6日又开宪法会议,通过国权一章及民众请愿悬案,并选委员30人于7日整理宪法全文;8日全体三读通过宪法全文,天坛宪法于是匆促制定。10月9日晚曹锟由保定入京,10日就职;同日宪法会议公布"中华民国宪法"。一场贿选丑剧,就此告终。

10月12日交通部长吴毓麟为发行"宪法纪念邮票",呈请大总统备案文曰:"……本部前以国家根本大法将成,亟应特制邮票以资纪念,乃商准国会,以宪法草案出自天坛祈年殿,即以祈年殿摄影加国旗两面以为识,令饬邮政总局遵照制印,类分四种,共值价二十六万三千元,早经制版存储备用在案。兹际宪法宣布,本部特令将该项纪念邮票开始发行。从兹万里通书,声教自周于中外,兆民式范,讴恩永系于邦家。所有发行宪法纪念邮票缘由,理合恭呈具报,并检具该项邮票,装订成册,随文恭呈,伏乞钧鉴。"(《近代邮刊》第四卷第五期)

此票发行日期,根据交通部原呈似与宪法公布不在同日。但实际上10月10日乃在北京始售之日期,据《新光邮票》杂志第五卷第五期李松岩云,存有盖销北京10月10日戳之宪法纪念票存世,故按《中国邮票目录》以1923年10月10日为发行日期。

此票发行后,反对贿选之粤、桂、滇、黔四省均拒用。至1924年1月15日即停售。至1931年5月31日与邮政开办二十五年、大元帅就职、统一、国葬等纪念票同时停用。

此票因票值切于实用,实销颇多,发售不久后(1925年11月1日),国内平信邮资由3分改为4分,故4分票之贴用,反多于3分票,现全套新票缺4分者多。

此纪念票迄今尚无变体发现。试模样张(附图4-4)及邮票见附图4-5、4-6、4-7、4-8。

图4-4

图4-5

图4-6 图4-7 图4-8

　　《中国邮票史》编写过程中,各位编写专家详细查阅档案资料,查清了宪法纪念邮票系 1917 年印制入库,这样才有可能在 1923 年 10 月 10 日宪法公布之日同日发行,解决了过去印制日期之疑惑。

图4-9

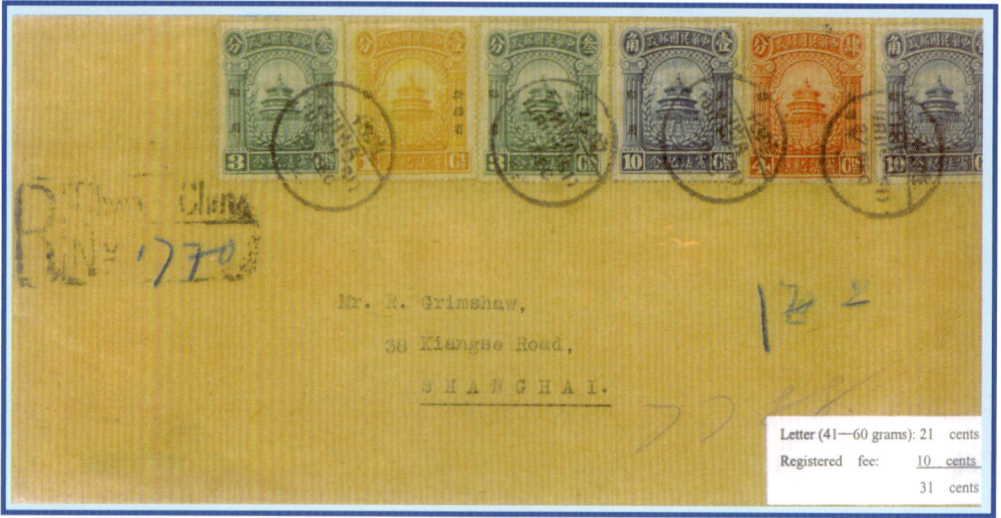

图4-10

应用实例：一为1924年2月14日四川昌定府经汉口、上海中转寄美国（附图4-9）；二为1923年12月27日迪化寄上海挂号信（附图4-10）。

五、陆海军大元帅就职纪念邮票

张作霖于 1875 年 3 月 3 日生于奉天（今辽宁）海城，土匪出身。1916 年起，任奉天督军兼省长、东三省巡阅使兼蒙疆经略使，在日本帝国主义支持下长期盘踞东北。1922 年第一次直奉战争，张作霖失败退回关外，任东三省保安总司令。

1924 年 9 月，第二次直奉战争爆发，10 月冯玉祥在北京发动政变逼曹锟下台，与张作霖共推皖系军阀段祺瑞为"中华民国临时政府执政"，实际上是张作霖控制了北京（北洋）政府。1926 年张作霖自称安国军总司令，1927 年 6 月 18 日，张作霖宣布出任"安国军政府陆海军大元帅"，取消了国务总理一职。并亲自批准发行大元帅就职纪念邮票。

张作霖就职纪念邮票的设计印制，突出了"快印早发"的原则，这和当时军事政治形势有直接关系，因当时国民政府北伐军正挥师北上，北京政府感到岌岌可危。所以这套邮票从 1927 年 7 月初议，到 10 月进入实际印制操作阶段，1928 年 2 月全部印竣，3 月 1 日即发行。

邮票主图采用张作霖之半身像，两侧绕嘉禾，上端交叉绘制当时行用之军旗两面，一为五色横条之陆军旗，一为九角白日红条纹之海军旗，上端飘带刊"陆海军大元帅就职纪念"十字，下端有"中华民国邮政"六字，上方左右两角为中文数值，下方左右两角为英文数值，图幅为纵 30 毫米，横 23 毫米，全张枚数纵横各十，计 100 枚，齿孔 14 度，有背胶。面值、刷色及印刷数量见附表 5-1。厂铭为英文"CHINESE BUREAU OF ENGRAVING AND PRINTING"阴文体大写英文体位于近似椭圆的图框内，分别位于第 2-4 号票及第 7-9 号票之上方和第 92-94 号票及第 97-99 号票之下方，厂铭颜色与邮票刷色相同（附图 5-1、5-2、5-3）。

表 5-1

面值	刷色	无加印字样	限新省贴用	限吉黑贴用	用途
1分	桔黄	200万	20万	50万	本埠平信
4分	橄绿	200万	10万	50万	外埠平信
1角	蓝	50万	5万	10万	国际平信
1元	红	10万	5万	5万	大件包裹

图5-1

图5-2

图5-3

其中 1 元面值是较高的，10 月 19 日邮政总局呈报交通部时还特别作了说明："拣择此种（面值），为使全套得有价值，并于按全套出售时，可收较为显著之利。"10 月 21 日交通部批准了这一方案。

限吉黑贴用也是因币值不同，哈钞 1 元 2 角 5 分折合银元 1 元，故邮局规定，邮票每百元售哈钞 125 元。

该票原拟于 1928 年 3 月 3 日张作霖诞辰日发行，后提前于 3 月 1 日在北京正式发售。北京邮政总局于 3 月 1 日发出第 781 号通告称："即在直隶、山东、奉天、吉林、黑龙江以及新疆省内之各邮局暨邮寄代办所发售。"但实际上"限新疆贴用"者发行日期为 5 月 21 日。

当时张作霖之势力范围仅在上述六省。而南方及西南各省对该票之发行，极为不满，公开抵制使用。1928 年 3 月新成立的南京国民政府交通部邮政总局，就张作霖邮票在北方六省发行一事，呈报交通部称："北方新制此种邮票，自不能予其在国民政府辖内行用。"3 月 10 日奉准拒绝承认此种纪念票，同时发出第 2083 号通告，令各省管理局如在本区内接有邮件上贴该纪念票者，均应作欠资论。

而北京邮政总局也通告各局劝阻民众勿将贴有这组纪念票的邮件寄往采取抵制行动的省份。这也算是邮政史上的一桩奇闻。笔者收藏有一个天津寄往上海的实寄封，贴张作霖像 4 分邮票，到上海后按欠资加收 8 分邮资。

1928 年 6 月，山东张宗昌响应革命军反对张作霖，阎锡山攻克保定、张家

图5-4

图5-5

图5-6

图5-7

图5-8

口,张作霖乃仓皇逃回关外,6月4日晨,在沈阳皇姑屯车站附近,被日本关东军预埋之炸药炸车身亡。该项纪念票在关内即于6月11日停售,新疆省于同年9月5日停售。但自1928年12月29日张学良通电全国,强调"力谋统一、贯彻和平"的信念,宣布"改旗易帜、服从中央"后,该项纪念票从此也可以在南方各省使用,全国一律通用,不作欠资论。

陆海军大元帅就职纪念邮票后与邮政二十五年纪念、宪法纪念、统一纪念、孙总理国葬纪念等票,均于1931年5月31日停用。

该票未发现变体。试模样张(附图5-4)及邮票见附图5-5、5-6、5-7、5-8(选用吉黑贴用及新疆贴用各2张)。

应用实例:一为1928年5月20日天津寄上海平信(附图5-9),按欠资加收8分;二为1928年5月31日新疆惠远寄迪化挂号信(附图5-10),经两次检查半年后才到迪化;三为1928年3月27日黑龙江苇沙河寄济南双挂号信(附图5-11)。

图5-9

图5-10

图5-11

六、国民政府统一纪念邮票

　　1927年4月12日,北伐军占领上海后,蒋介石发动"四·一二"反革命政变,屠杀共产党员及革命武装起义的工农群众,宁汉分裂。形成南京的蒋介石国民政府,武汉的汪精卫国民政府,再加上奉系军阀张作霖把持的北京政府,呈"三足鼎立"之势。但是蒋介石以国民革命军北伐总司令名义,据有北伐军的最高指挥权;并依靠美、英、日等帝国主义和江浙财阀的支持,终于使武汉国民政府向南京国民政府妥协,组成统一的"南京国民政府"。在1928年2月召开的国民党二届四中全会上,曾一度"下野"的蒋介石重新被选为国民党中央常务委员、组织部长、国民政府军事委员会主席;国民党的党政军大权又回落到蒋介石手中。

　　1928年6月8日,北伐军占领北京。张作霖在狼狈逃回关外途中被日本关东军在皇姑屯炸死,随即由其子张学良继任"东北保安司令",掌握了东北实权。12月29日,张学良通电全国,强调"力谋统一、贯彻和平"的信念,宣布"改旗易帜、服从中央"。至此,"国民政府"取得了形式上的"全国统一",同时定都南京,并将北京改称为北平。

　　国民政府的统一,是中华民国历史上一个重大事件,中华邮政当局为此发行了"国民政府统一纪念邮票"。1928年12月7日,邮政总局下令尽早赶印国民政府统一纪念邮票,并希望北平财政部印制厂能在4月18日国民政府定都南京二周年纪念日前交付邮政总局发行。

　　此邮票以蒋介石为主图,这也是蒋介石执政后首次在邮票上出现;两旁衬以嘉禾,上为青天白日国徽,上端为"中华民国"及"国民政府统一纪念邮票"等楷体字;嘉禾之下,为英文"To Commemorate Unification"及"Republic of China"字样;图之上角左右为中文面值,下角左右为英文面值。图幅为纵30毫米、横24毫米,齿度为14度,全张为纵十横十之100枚式。刷色、印量等见附表6-

1。厂铭为英文"CHINESE BUREAU OF ENGRAVING AND PRINTING"阴文体大写英文字体位于近似椭圆的图框内,分别位于第 2-4 号票及第 7-9 号票之上方和第 92-94 号票及第 97-99 号票之下方,厂铭颜色与邮票刷色相同(附图 6-1、6-2、6-3、6-4)。

表 6-1

面值	刷色	无加盖者	限新省贴用	限滇省贴用	限吉黑贴用
1 分	桔黄	300 万	20 万	20 万	30 万
4 分	橄绿	300 万	20 万	20 万	30 万
1 角	蓝	50 万	6 万	6 万	10 万
1 元	红	5 万	6 千	6 千	1 万

图6-1

图6-2

图6-3

图6-4

正票及限新疆、吉黑、滇省贴用各选一张见附图 6-5、6-6、6-7、6-8。

图6-5　　　　　　图6-6　　　　　　图6-7　　　　　　图6-8

这次出现了加盖"滇省贴用"的纪念票。因为边远省份在地方军阀盘踞之下,在政治上有时政令不能统一,在经济上也往往各自为政,自行成立银行,单独发行货币。1926 年,云南省"富滇银行"发行的钞票,由于通货膨胀,币值猛跌,与银元的比率,下降到了十比一,为防止利用邮票套汇谋利,邮政总局指令北京财政部印刷局,将当时通用的北京二版帆船邮票上,加印上"滇省贴用"字样,专供云南省使用。自此到 1935 年法币统一在云南省境内流通为止,共有 3 套纪念邮票、4 套普通邮票加盖"滇省贴用"。

国民政府统一纪念邮票于 1929 年 4 月 18 日发行,加盖"吉黑贴用"于 4 月 18 日发行,加盖"滇省贴用"于 4 月 28 日发行,而新疆因路途遥远,加盖"新疆贴用"直到 5 月 21 日才发行。

此项邮票发行后销售较快,邮政总局曾两次加印,共 440 万枚。但到 1929 年 12 月 31 日停止出售日期临近前,又发现各区所存之票皆未售完,尤其以南京、上海、汉口三处余存的邮票最多,必须继续销售才能减少损失。于是邮政总局于 1929 年 12 月 23 日请示交通部欲将先前所定的停售期限准予延缓，以便各邮区将该种纪念邮票继续售完。

但是交通部于 1929 年 12 月 30 日以训令第 4215 号作了不同意延期的答复："查各国通例，每值国家大典常印制纪念邮票，于一定期间发售，到期即行截止，盖所以别于普通邮票，而示人以有难得之价值。故当发行之时，购赠收藏视为珍异，即如此次万国邮政会议在英京开会，英国邮政所发纪念邮票，自开会之日为始，闭会之日即已停售。我国向来发行纪念邮票虽曾规定限期，然期限已届，辄一再展缓，以售罄为度。在邮局方面固为顾恤成本不得已之办法，殊不知纪念之意义与其价值因此完全消失，而此后发行任何纪念邮票，购者必不踊跃，永无畅销之日。兹为昭示郑重挽回观听起见，所有本年发行之统一纪念邮票，既经定至年底为截止之期，即未循照往例再行展缓。"交通部同时指示邮政总局通知各邮区，届时将未经售完的邮票迅速收回汇齐，由交通部派员一同监督销毁。（《中国邮票史》第三卷第三章第三节）从交通部的批复来看，有些是值得现在邮政部门借鉴的。

应用实例：一为 1929 年 8 月 29 日北京本埠平信（附图 6-9）；二为 1929 年 5 月 21 日（发行首日）迪化寄仰光挂号快信（附图 6-10）；三为 1929 年 7 月 16 日齐齐哈尔经西伯利亚寄德国国际平信（附图 6-11），"滇省贴用"邮票和"孙总理国葬"并贴一封见图 8-13。

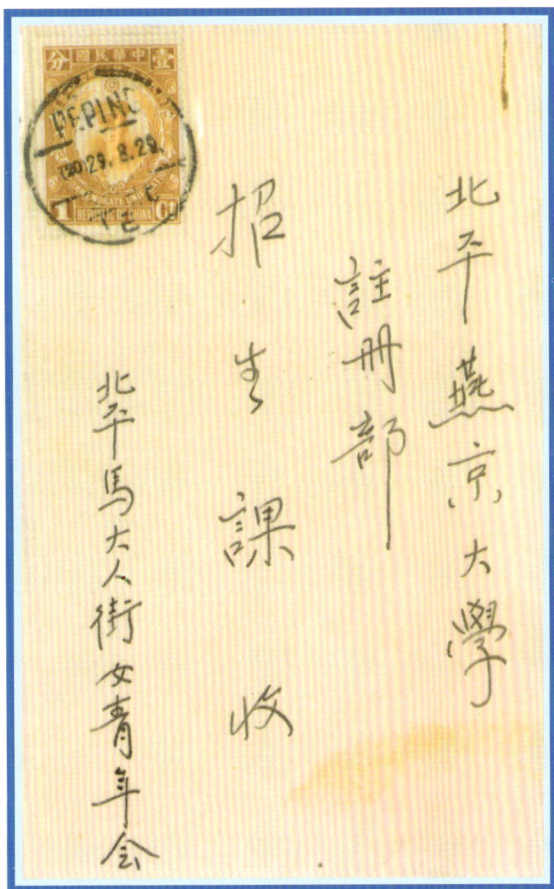

图6-9

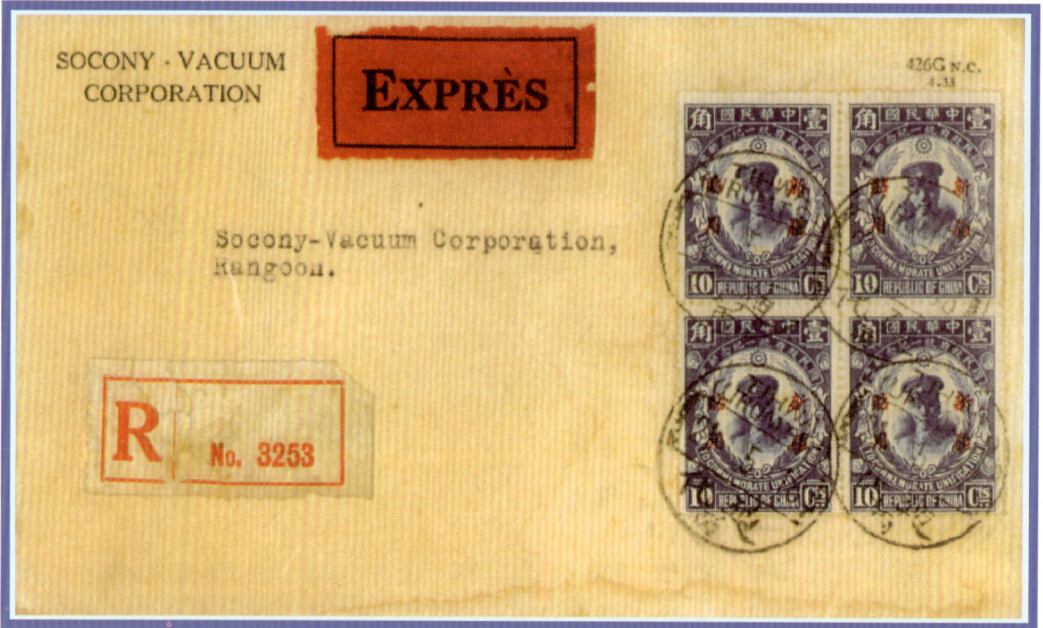

图6-10

图6-11

七、中华民国统一纪念邮票（未发行票）

此项纪念邮票并未正式发行。上世纪30年代，有少量样票及试模样张流入市场，由于人们掌握的资料不足，曾被误认为是"国民政府统一纪念"邮票之前身。

张赓伯先生在1938年第七卷第一期《新光邮票杂志》发表的《无尽藏室邮话》中，就是这样介绍的："余喜集各种未采用之图案样票。去夏与子俊兄各得一奇品，计二枚为各邮志所未发表者。此票为何？乃民十八（1929年）所发行之统一纪念邮票另一未经采用之票样。票式样似邮政二十五年纪念票，亦系三像，正中印总理遗像，右为蒋介石像，左为当时军事委员会副委员长张学良像。盖发行此票之先，同时曾由财政部印刷局镌刻两版，以备采用。后发行者为蒋个人像之一种，此版遂弃而未用。……"并将一枚票在该期杂志封面上刊登出来。

1943年4月1日，邵洵美先生以"初庵"笔名在上海《新申报》连载的邮学研究专著《中国邮票讲话》第33篇中，也以"统一纪念试制票"为题发表专文，并详述了他通过拍卖获得此票之经过。

后来更有牵强附会的说法，如蒋介石既不愿居于孙中山肖像之下，又不甘心与张学良并列，所以才选中以他个人戎装像为图案的"统一纪念"邮票。

实际上，上述说法均不符合事实。陈志川先生在1943年4月出版的《国粹邮刊》第17期，就著文详述陈先生目睹过的《财政部印刷局新镌"中华民国统一纪念邮票"》样本，并刊出样本图样，背面印有"中华民国二十年"、"中国技士自镌之邮票"。民国二十年即1931年，距"国民政府统一纪念"邮票发行已经二年，可见这两种"统一"纪念票并无因果关系。

图7-1

图7-2

图7-3

图7-4

图7-5

图7-6

笔者收藏试模样张（见图 7-1）。中国邮票博物馆珍藏有《中华民国统一纪念邮票》样本（封面见图 7-7），内贴有五种面值印样，面值为半分、1 分、5 分、1 角、1 角 8 分（见图 7-2、7-3、7-4、7-5、7-6）；在民国纪

图7-7

念票中，第一次见到半分面值；从 1912 年 4 月 20 日到 1940 年 9 月 19 日，只有本埠印刷品(0-100 克)邮资为半分，系优惠本埠报刊印刷品投递之用。

台湾出版的《邮展选粹》的说法比较切合实际："民国 20 年 5 月 5 日，国民会议在南京开幕，蒋委员长向大会提出约法，宣布国民政府已由军政时期步入训政时期。邮政总局配合当时情况，拟发行全国统一纪念邮票，以志庆祝。为与《国民政府统一纪念邮票》名称区别，特称为《中华民国统一纪念邮票》，要北平财政部印刷局设计镌版印刷试印邮票，以备政府核定，予以发行。"（原定于 1932 年 1 月 1 日发行）。

杨耀增先生在北京燕山出版社出版的《集邮回忆录》中，也以"两种'统一'

纪念邮票并非一码事"，叙述了此事。在怀念杨耀增先生的《邮坛闻见录》(陕西人民出版社出版)中，杨先生就"张学良将军与《中华民国统一纪念邮票》"专文详述此事。

在历史上，1928年北伐军占领北平和张学良"东北易帜"后，1929年发行了《国民政府统一纪念邮票》，但实际上还有不少地方军阀割据，并未真正"统一"。

1929年3月到6月，发生了"蒋桂战争"，1929年6月，蒋军占领广西南宁，李宗仁、白崇禧等逃往香港，两广两湖才告"统一"。1930年3月到11月，蒋阎冯中原大战，双方使用兵力100多万，死伤30万，历时七个多月，蒋介石集团取得胜利，阎锡山、冯玉祥的"政府"垮台。蒋介石稳定了政权，当上了军事委员会委员长、国民政府主席。发行《中华民国统一纪念邮票》，以孙中山遗像居正中上方，蒋介石像居下右方，军事委员会副委员长张学良像居下左方，孙中山像上半圆框内书"中华民国统一纪念邮票"，两旁饰以嘉禾，上部左右为中文面值，下部中为英文面值。

此票筹印期间，发生了"九·一八"事变。1931年9月18日，日本军国主义在沈阳北大营挑起事端，武装占领东北。张学良将军奉蒋介石命令"不抵抗"，退出东北，但蒋介石又把东北沦陷的责任推给张学良，免去张学良军事委员会副委员长职务。时人称张学良为"不抵抗将军"，张学良被迫出洋。因此，这套邮票就不能发行了。

八、孙总理国葬纪念邮票

北洋军阀混战，民不聊生。孙中山先生举起护法大旗，领导了反对北洋军阀的斗争。为实现其召开国民会议之号召，应段祺瑞、张作霖之邀请，于1924年10月由粤北上，寻求和平救国之途。因操劳过度，于1925年3月12日肝癌病发逝世于北京铁狮子胡同行辕，3月19日在北京中央公园（现中山公园）举行公祭，4月2日出殡，灵柩暂厝在北京西山碧云寺。

孙中山先生逝世后，根据他生前的愿望，国民党决定将其安葬于南京紫金山。1925年5月13日，孙中山先生葬事筹备委员会通过了《孙中山先生陵墓建筑悬奖征求图案条例》。著名建筑师吕彦直反复登紫金山踏勘墓址地形，充分利用地形地貌，设计出一个最能体现孙中山先生精神风貌的陵墓建筑。1925年9月20日，经过公共展出和专家评判，并经全体葬事筹委委员和孙中山家属的表决，一致认为在40多个应征方案中，吕彦直的方案"简朴坚雅，且完全根据中国古代建筑精神"；选定他的警钟形中山陵方案为一等奖，并聘请他为中山陵的建筑师，监理陵墓工程。1929年春，中山陵工程完成。1929年6月1日，南京国民政府隆重举行孙中山移灵南下奉安大典。

交通部于事前饬令邮政总局筹印"孙总理国葬纪念邮票"，以寄哀思而资景仰。经中国国民党中央执行委员会决定以总理陵墓正面图案，作纪念邮票图案。邮政总局当即转委北平财政部印刷局设计图样印刷。1928年10月9日，邮政总局将正式绘制的邮票图案两种，并190号呈文，由邮政总局总办刘书蕃亲自送呈交通部，从中选出一种。

采用之图案，以陵前纪念堂为中心主图，左右各伴以三穗嘉禾；图案上横额为"孙总理国葬纪念邮票"九字，再上为"中华民国邮政"字样，其左右为

图8-1

中文数值；下端中央为"RE-PUBLIC OF CHINA"字样，其左右为英文数值。试色样张见附图8-1，正票及限新疆、吉黑、滇省贴用各选一张（见附图8-2、8-3、8-4、8-5），正式发行票图幅为纵24毫米、横30毫米，齿孔14度，全张枚数为纵十横十之100枚式。面值、刷色及印数见表8-1。厂铭为英文"CHINESE BU-REAU OF ENGRAVING AND

图8-2

图8-3

图8-4

图8-5

PRINTING"阴文体大写英文字体位于近似椭圆的图框内，分别位于第2-4号票及第7-9号票之上方和第92-94号票及第97-99号票之下方，厂铭颜色与邮票刷色相同（附图8-6、8-7、8-8、8-9）。

表8-1

面值	刷色	无加盖者	吉黑贴用	滇省贴用	新疆贴用
一分	桔黄	300万	30万	20万	20万
四分	橄绿	300万	30万	20万	20万
一角	深蓝	50万	10万	6万	6万
一元	深红	5万	1万	6千	6千

图8-6

图8-7

图8-8

图8-9

　　国葬原拟于1929年3月1日举行，纪念邮票也早已印好发往各地邮局。后来奉安典礼改为6月1日,纪念票便定于奉安前二日发行以便购买,于6月1日起贴用。但是有的边远省份,得讯已迟,仍有于3月1日出售者,据记载曾有3月4日从成都寄北京之信件,所贴即国葬4分纪念票一枚。至于确切发行日期,《新光邮票杂志》第五卷第一期"中国纪念邮票一览"及中国邮票目录,列为1929年6月1日。《邮学月刊》第一卷第八期等均认为5月30日。李颂平先生所编《华侨邮刊》第六期,引用上海邮政管理局之通告:"案奉邮政总局令开:奉交通部令准发行总理国葬纪念票,以为总理奉安典礼纪念,计分一分、四分、一角、一元四种，在该管理局暨所属支局及内地分局，于本月三十日起，与普通邮票同时发售，以备公众购贴寄信之用。如购备收藏，欲用邮局日戳销盖者，邮局也可照办。又上海邮务管理局尚有一种加印'新疆贴用'、'吉黑贴用'、'滇省贴用'等字样之国葬纪念邮票发售，惟不能在上海用邮戳盖销，倘欲用邮戳盖销，不论任何一类，均可按照票面价值，向北平邮务管理局购买。但此项加印字样之邮票，只可在票面印明之邮区内粘贴邮件等因……"故该纪念邮票之发行日期，实为奉安前二日，即 5 月 30 日发行。在马任全先生的《中国邮票图鉴》及燕山出版社发行的《中国邮票全集》中，也均确定发行日期为 5 月 30 日。"吉黑贴用"者，也在 5 月 30 日发行；"新疆贴用"者，因运途远，于 7 月 15 日发行；"滇省贴用"者，无正式记录，似于 6 月下旬某日发行。停售日期均为 1929 年 12 月 31 日；1931 年 5 月 31 日停用（停用后可向邮局掉换现用普通邮票）。停售后遵照部令集中销毁。

　　孙中山先生深得国人景仰，因此各地人士到南京参加奉安盛典的，为数众多，争相购票寄发邮件；江苏省邮政管理局特于南京设临时邮局六处。一设下关扬子江饭店，二设三牌楼外宾馆接待处，三设五洲公园，四设国民政府奉安委员会，五设游府西街东方饭店，六设昇平楼旅馆。临时邮局有特制之圆形邮戳，外为粗细双线，上端沿边环刻"总理奉安临时邮局"，"安""临"二字之下刻党徽，中为年月日时，以线横界之；下端"南京"之下加一中文数字，以分别临时邮局之次序（见附图 8-10）。

图8-10

图8-11

应用实例：一是 1930 年 4 月 15 日伏羌经上海寄美国的国际平信（附图 8-11）；二是 1929 年 10 月 12 日哈尔滨经西伯利亚寄德国的国际平信（附图 8-12）；三是 1929 年 9 月 1 日皮山寄迪化的双挂号信（附图 8-13）；四是 1929 年 9 月 21 日云南府经河口寄河内的国际挂号信（附图 8-14）。

图8-12

图8-13

图8-14

九、西北科学考查团纪念邮票

清末民初，一些西方学者出于不同目的热衷于到中国西北地区考察；而一部分文化奸商也混杂其中，借学术调查之名窃取中国文物。如英籍文物大盗斯坦因就勾结敦煌的"王道士"，窃走大量敦煌石窟艺术珍品；笔者在英国考察时，曾参观伦敦的"大不列颠"博物馆，有四个展室名为"中国室"，其中一个将近600平方米的展室内全是从敦煌掠夺去的壁画、藏经、书画、石雕佛像等，据讲解员说展品不到藏品的十分之一，定期更换，轮流展出。

对此，中国学术界强烈呼吁，要求国内主要学术团体联合起来，发掘和整理古代文化遗产，以免被外人攫取。

1927年，经政府批准由"中国学术团体学会"发起，组织了有中外学者参加的"西北科学考查团"，前往中国西北（包括蒙古、新疆、甘肃等地）进行人类种族、气象、动物、植物、考古、地质、地理、矿产、古生物、古植物等多学科的系统科学考察。中方参加考查团的有中央研究院、中央气象台、北京大学、清华大学、地质调查所、古物陈列所等单位，团长是北大教授徐炳昶，成员有刘半农教授等著名学者，先后参加的有中国、瑞典、德国、丹麦专家30余人。（刘半农教授于考察期间得传染病于1934年不幸逝世。）

外方团长是瑞典考古学家、地理学家斯文赫定博士（Dr.Svan Andero Hedin），他曾四度深入中国边疆考察，第一次为1893年至1897年，到达帕米尔高原，两度深入戈壁沙漠，顺塔里木河直抵其三角洲，初探西藏高原，经青海而抵北平。第二次为1899年至1902年，再度深入南疆沙漠，航行塔里木河全程。第三次为1904年至1909年，由印度北上入西藏，发现冈底斯山脉及雅鲁藏布江与印度河之真源。第四次为1927年领导西北科学考查团再度深入南疆，进行多方面的科学考察，并求得"罗布淖尔"湖之实际位置。1935年完成"西北科学考查团报告"55卷。

1927年2月26日，中外合作考察协议在北京大学签字；4月开始工作，原定期限为6年，后又奉政府令勘测西北公路，延长2年，至1935年2月正式结束。工作共分三期。第一期自1927年5月至1928年5月，完成由包头经戈壁至迪化之10个月驼队旅行，考察该区气候，由德国国家航空公司援助资金。第二期自1928年夏至1933年秋，从事纯粹科学考察，范围极广，包括蒙、新、甘、青、宁、绥（远）、察（哈尔）、热（河）等省，由瑞典政府负担经费。第三期自1933年秋至1935年，由我国政府委托勘查西北公路，并负担经费。

在上述第二阶段，因经费不足面临困境，而"国民政府"又忙于内战，无力资助。为解决经费，参照国外同行的经验，由喜马拉雅山脉专家奥德尔提议发行邮票，明为专备该团在考查区内贴用，实则欲将该邮票全部垄断，以在邮市上加价出售套利，增加该团之经费。经该团最高决策机构理事会（刘半农、周肇祥为总负责人）同意，得到中央研究院院长蔡元培的大力支持。1929年3月18日，蔡元培以第421号公函致交通部，建议发行西北科学考查团纪念邮票，"意在引起国民对于学术探索的兴趣，并显示政府提倡之意"。1929年3月25日，交通部以公函353号答复中央研究院表示该考查团对于科学热心探讨卓有成绩，自然应该鼎力赞助；并即训令邮政总局研究一切技术问题。经过对发行枚数、面值、发行数量、印刷力量安排、销售方案等多次磋商及人事折衷，直到1930年11月，此项纪念邮票之方案才得到确定。

邮票图案斯文赫定原拟采用该团之骆驼队（有骆驼300匹，驼夫40人）作图案，后为节约图案绘制费用，改用故宫收藏的元人名画"平沙卓歇图"。"卓"即中午，"卓歇"就是中午支起帐篷，铺好毡毯休息的意思。画绘六人，一人持杖而立，似为警卫者，其左有二人背倚黑色帐篷而坐，帐篷之左方有二人和衣枕袖，侧卧于毯上，毯前有一人盘膝坐于地面，似在生火煮水。其左下角右上角二株树旁，各有站立之骆驼三只，左侧高竖一面幡旗。此图颇适于象征"西北科学考查团"。由北平财政部印刷局以雕刻凹版印制。主图上腰圆形框内为"中华民国邮政"六字，图下文字为"西北科学考查团纪念"九字，又下为该团之拉丁文（取其无国籍，又为学术界通用语言）名称"EXPED.SCIENT.SEPT. OCCID.PROVING.SINE."，年月日用罗马数字"MCMXXVII——MCMXXXIII"意即 1927—1933（该团预定考查之年限），四角为中英文面值。图幅为纵 30 毫米、横 23 毫米，齿度 14 度，全张纵十横十之 100 枚式。厂铭为英文"CHINESE BUREAU OF ENGRAVING AND PRINTING"阴文体大写英文字体位于近似椭圆的图框内，分别位于第 2-4 号票及第 7-9 号票之上方和第 92-94 号票及第 97-99 号票之下方，厂铭颜色与邮票刷色相同（附图 9-5、9-6）。

图9-1　　　　　图9-2　　　　　图9-3　　　　　图9-4

图9-5

全组四枚：①壹分，桔黄色；②肆分，橄绿色；③伍分，玫紫色；④壹角，深蓝色（见附图 9-1、9-2、9-3、9-4）。每种印制 25000 枚，其中 1500 套分发南京、上海、北平、汉口、广州各邮局发售，500 套交通部存档，2000 套邮政总局存档，500 套送给万国邮政联盟各国及各区当作样本，其余 20500 套由考查团按票面价格购回。

由于公开发行数量甚少，市场价格猛涨，考查团最后以高于原面值 25 倍的价格——5 元卖给国内外集邮者，解决考查团的经费困难。但因价格太贵（当时大米每石仅 10 元），因此销路不佳。后该团将未能售出之邮票，作为有价证券抵押于北平东方汇理银行。该团于 1935 年解散后，此项抵押品直到抗战胜利后才逐步售出。

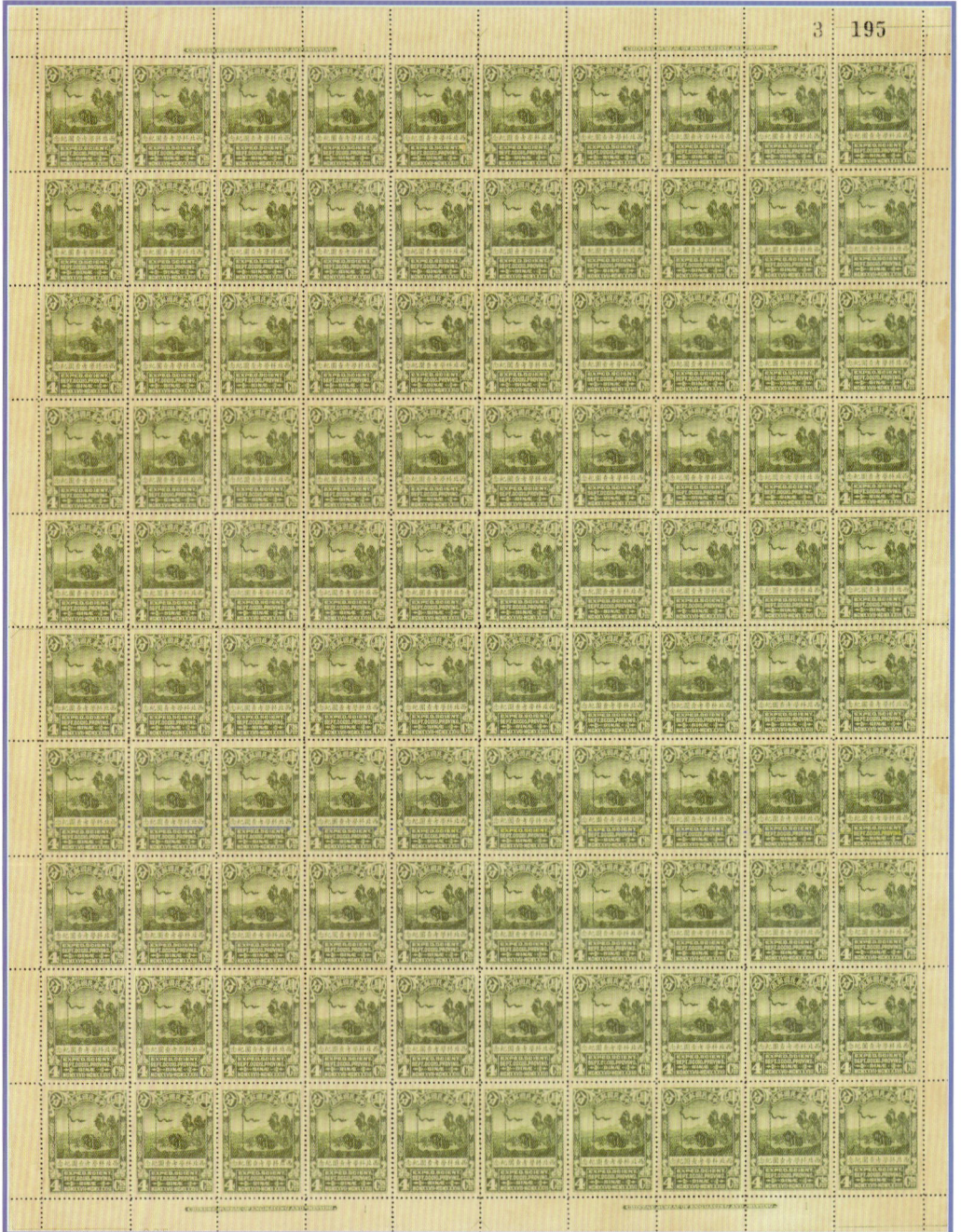

图9-6

此票于 1932 年 6 月 3 日发行,1933 年 7 月 1 日停止出售,但自停售后至 1933 年 12 月 31 日止,仍可照常贴寄邮件或调换面值相等的普通邮票,1934 年 1 月 1 日起即行作废,不再通用,也不准予以调换。

这套邮票从艺术性、科学性、倡导性和纪念性来看,可以说是首创。但邮局发行量极少,而该团出售价提高 25 倍,引起集邮界反感;美国斯科脱年鉴就否认该票为中国政府正式发行之纪念票,多年不将此票列入年鉴(到 1959 年才列入)。

这套票实寄使用的也很少。但在上世纪 50 年代(斯文赫定于 1952 年以 87 岁高龄病逝于故乡)以后,陆续出现了一批贴全套邮票的实寄封,或是平信,或是挂号,均符合当时邮资。寄信人即是斯文赫定,寄给他的家人。

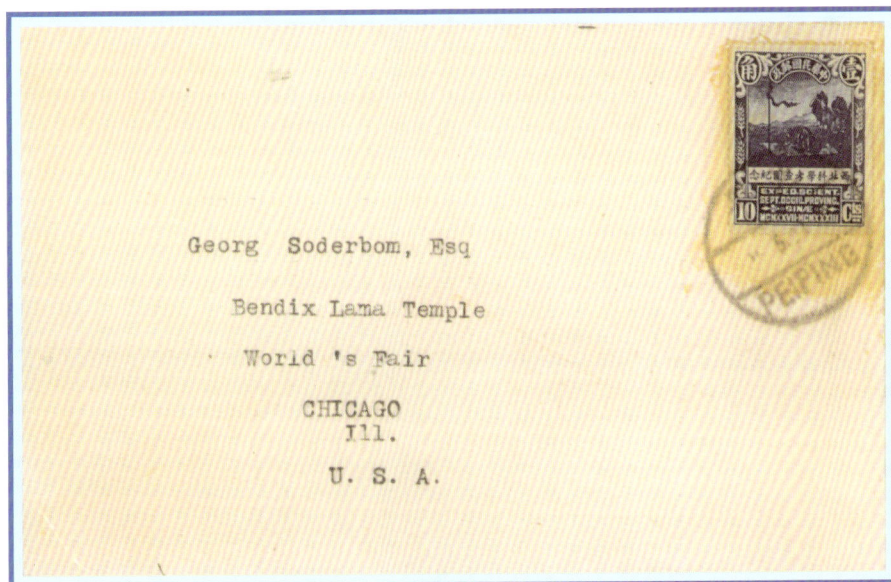

图9-7

应用实例:1932 年 6 月 3 日(发行首日)北平寄美国国际平信(图 9-7)。

十、谭院长纪念邮票

谭延闿于 1880 年生于湖南茶陵,为清湖广总督谭钟麟之子,家学渊源,10岁能文,25 岁中乡试会元,光绪朝考中进士入翰林院,书法劲遒,以颜体书法闻名全国。宣统末年回湖南从事"立宪"活动,任湖南咨议局议长。辛亥革命后任湖南都督,1912 年加入国民党,任湖南支部长。1913 年,袁世凯阴谋篡国,谭延闿与江西都督李烈钧、安徽都督柏文蔚、广东都督胡汉民等相继通电反对,被袁世凯免职。以后湘军将领宣布反袁独立,推举谭延闿为领袖。1923 春"护法"之役,谭率湘军入粤,协助孙中山先生,平定东江陈炯明之乱,在广州大元帅大本营任职,并兼任湖南省长及湘军总司令。1924 年国民党"一大"当选为中央执行委员;1925 年任湘军整编的国民革命军第二军军长,率部参加北伐。1927年,在国民党"宁汉分裂"的政治斗争中,谭延闿坚决支持蒋介石在南京另立中央,成立南京国民政府,受到蒋介石的重用,先后担任国民政府主席和行政院长等职。1930 年 9 月 22 日因脑溢血死于住所。

1931 年 9 月 4 日,南京政府为他举行国葬典礼,葬于南京紫金山。并建专祠及纪念堂于墓前,以资景仰。邮政总局本拟发行谭延闿国葬纪念邮票,但"因时间迫促,未及颁发";故改于纪念堂落成之日,发行谭院长纪念邮票。而交通部在 1931 年 8 月 22 日以通饬第 731 号致各邮务机关,于谭延闿国葬日寄递邮件时,"在普通邮票上加盖纪念木戳临时替代"。

1931 年 10 月 7 日,交通部致函"谭院长国葬典礼办事处"将谭延闿正像各递两份以设计邮票。10 月 14 日,邮政总局委托北平财政部印刷局开始设计。因国葬已经举行,不能再称为"谭延闿国葬纪念邮票",改称为"谭院长纪念堂落成纪念"。10 月 30 日,邮政总局又将邮票名称修改为"谭延闿院长纪念邮票"。此后,又经交通部与"谭延闿国葬典礼办事处"再三斟酌,最后确定"谭院长纪念邮票"。这套邮票虽经再三推敲,最后竟遗忘了国铭,成为中华邮政唯一一套不刊"中华民国邮政"国铭的邮票,也是唯一用篆书文字的邮票。

谭院长纪念票的图案,可以说在中国纪念票中又来了一次革新。除了面值有个阿拉伯数字外,此外全是中文;特别是下面一行篆书"谭院长纪念邮票",充分表现了中国书法艺术的魅力。另一方面以前各种纪念邮票上的肖像,有的是军装,有的是西服,有的是制服,而谭院长纪念邮票上的肖像却是中装,并无任何陪衬花饰图样,看起来反而庄严大方,真是恰合身份。这套邮票由于设计印刷好,很受集邮者的欢迎。当年老邮刊上多次将其评为"最佳邮票"。

图幅为纵 30 毫米横 22 毫米,齿孔 14 度,全张为纵十横十之 100 枚式。厂铭为英文"CHINESE BUREAU OF ENGRAVING AND PRINTING"阴文体大写英文字体位于近似椭圆的图框内,分别位于第 2-4 号票及第 7-9 号票之上方和第 92-94 号票及第 97-99 号票之下方。厂铭颜色与邮票刷色相同(附图 10-1、10-2、10-3)。面值、刷色及印数见表 10-1。

表 10-1

面值	刷色	无加盖者	新疆贴用	滇省贴用	用途
2 分	橄绿	4198000 枚	108000 枚	108000 枚	本埠平信
5 分	绿	4198000 枚	108000 枚	108000 枚	外埠平信
25 分	蓝	928000 枚	53000 枚	53000 枚	国际平信
1 圆	红	62000 枚	38000 枚	38000 枚	包裹等

以上总计,共 1000 万枚。此票为抗日战争前加盖限省贴用之最后一套纪念邮票,此后即厉行法币制度,币制统一,不再有限省贴用之纪念票。(抗战胜利后,台湾、东北回归,因币制不同,又各有三套纪念邮票为限省贴用。)

图10-1

图10-2

图10-3

图10-4

图10-5

图10-6

图10-7

　　此票于1933年1月9日谭延闿纪念堂落成之日发行,限省贴用者迟至2月1日发行;正票及限滇省、新疆贴用者,见附图10-4、10-5、10-6、10-7。1933年7月1日停止出售,1933年12月31日与"西考"票同时停止使用。因此票发行和使用期太短(从发售至停用未及一年),故于1934年1月1日后还有不少使用者,均按"欠资"论处。邮市上贴"谭院长纪念邮票"的实寄"欠资封"尚可找到。

　　此时期财政部印制局之外籍雕模技师,已全部退休或辞职,负责雕模部门者全为国内技师,但质量仍有严格保证。而谭院长纪念票之样票,并未见有流出;至于各种漏齿票,或其他版式之变体票,更没有发现。可见当时邮政部门及财政部印刷局之业务管理,均相当严谨。

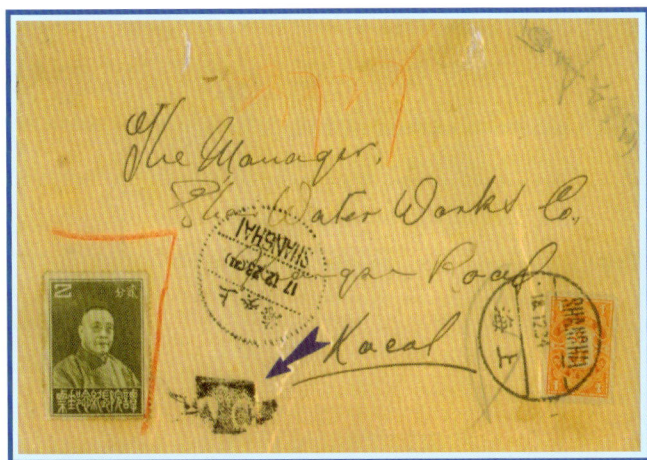

图10-8

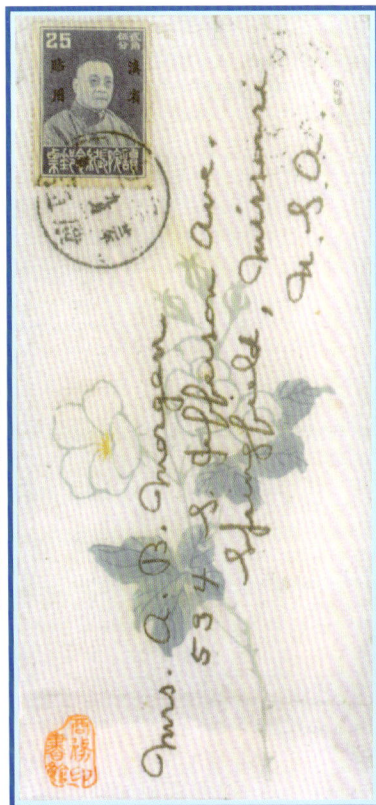

图10-9

　　应用实例:一为 1934 年 12 月 17 日上海本埠平信,因已过使用期按欠资收费 4 分(附图 10-8);二为 1933 年 9 月 2 日云南广通经昆明寄美国国际平信(附图 10-9)。

十一、"新生活运动纪念"邮票

1931年后，国民党对中国共产党领导的中央苏区及工农红军发动了数次"围剿"，但均以失败告终；加之日军步步进逼，占领东北三省后又向华北策动"独立"，国内连年发生灾荒，广大农村经济不断恶化，城市民族资产及中小企业纷纷破产，国际、国内危机日益加重。严峻的形势迫使国民政府寻求摆脱困境的办法。蒋介石于1934年2月19日在江西南昌发起"新生活运动"，主旨在于使国人之实际生活皆合乎礼义廉耻，衣食住行俱要整洁简朴。蒋介石提出："任何国家于革故鼎新之际，首以转移风气为先，盖其力较政教为尤大，其用较政教为尤广，而其需要也较政教为尤急，此种转移风气之工作，即所谓新生活运动。"

1934年7月，成立"新生活运动总会"，各地也纷纷组织"新生活运动促进会"。国民党中央宣传部还编发了《新生活运动纲要》、《新生活运动精义》、《新生活运动章则》等各种小册子。

"新生活运动"的宣传组织虽然热闹一时，但实际效果却完全落空。当时广大民众吃不饱、穿不暖、连最起码的生存条件都不具备，哪里谈得上"新的生活"。二年多后，抗日战争开始，"新生活运动"也就渐渐销声匿迹了。

图11-1　　　　图11-2　　　　图11-3　　　　图11-4

为了配合和推行所谓"移风易俗"的新生活运动，1934年，新生活运动总会呈请交通部发行"新生活运动纪念邮票",并获得"中央政治会议"通过,邮政总局开始筹印。该票仍由财政部印刷局雕刻凹版印制,面值分2分、5分、2角及1圆四种,其图案则有三种(附图11-1、11-2、11-3、11-4)。

2分及5分票:以盾形指南针新生活运动标志作主图。此标志之解释:"盾"喻自卫,"指南针"表示生活有一定之准则。此标志原有红黄蓝白四色,外围红色表示奋斗、热烈、勇敢、进取之精神;内心黄色,表示光明与大公无私之态度;白圈蓝地则表青天白日之意。盾下弦形框内,横列"新生活运动纪念"七字,上端为"中华民国邮政"六字,盾形两旁为面值,四角圆框内刊"礼、义、廉、耻"四字,下端中央为阿拉伯数字。

2角票:将新生活标志缩小于中心之圆框内,外环印"礼、义、廉、耻"四个字,上端为国徽及"中华民国邮政"字样,下端为"新生活运动纪念"七字,两旁石柱形边框,四角分印中文及阿拉伯数字面值。

1圆票:中绘灯塔一座,建于礁石上,据说是珠江口的灯塔,灯光分两股射出,塔身刊"礼、义、廉、耻"四字,下有新生活运动标志,再下端为半圆形框,内有"新生活运动纪念"七字,上首为国徽有"中华民国邮政"六字,两旁石柱形边框,四角分印中文及阿拉伯数字面值。

此票于1936年1月1日发行。筹印逾年,工作未免过于迟慢,影响宣传效果,也可看出大众对"新生活运动"并不热心。而且邮票图案也未获好评。

著名集邮家张包子俊在《新光邮票钱币》杂志第五卷第一期对该票的评论:"二分五分票,尚无不合。二角票之新生活标志,则毫无规矩可言。圈外图案,有如穿梭,以此作为专寄国外之邮件,颇为遗憾。一元票之图案,外观虽美,但加审查,也多不合。绘者既不知建筑,亦未见海景,海轮驶于水平线时,应作如何景像,图中所绘实不近情。灯塔为竖形之建筑,虽上小下大,亦应垂直,从无作内括形者。"其他如远近之不分、比例之不合,均有议论。

此票之发行数量各邮刊说法不一,据《甲戌邮刊》第三卷第六期所示见表11-1。

表 11-1

面值	刷色	发行数量	用途
2分	橄绿	1,600,000 枚	本埠平信
5分	深绿	6,880,000 枚	外埠平信
2角	洋蓝	1,120,000 枚	国际平信
1元	深红	400,000 枚	国际航空包裹

（1935 年 6 月 1 日至 1936 年 1 月 31 日国际平信邮资为 20 分，此日期前后均为 25 分。）

此时全国统一实行法币制度，邮票售价均按法币计算，故此前加盖限省贴用票之省份，如新、滇、吉黑自此均不加盖。这表明国民政府开始在政治上和经济上实际"统一"全国。

邮票图幅纵 32 毫米、横 22 毫米，齿孔 14 度，全张枚数为纵十横十之 100 枚式。厂铭为英文"CHINESE BUREAU OF ENGRAVING AND PRINTING"阴文体大写英文字体位于近似椭圆的图框内，分别位于第 2-4 号票及第 7-9 号票之上方和第 92-94 号票及第 97-99 号票之下方，厂铭颜色与邮票刷色相同（附图 11-5、11-6、11-7）。

图11-5

图11-6

图11-7

　　关于此纪念票之发行,邮政总局曾发出公告:"新生活运动纪念,计分二分、五分、二角、一元四种,定于二十五年(1936年)一月一日在各邮局所开始发售,如公众购买时欲用邮局日戳盖销者,可申请照办。此项纪念票,限售至二十五年六月底止,期满即行停售,停售后三个月内(即二十五年七月一日至九月三十日),仍可用以贴纳邮费,自十月一日起,即行废止贴用。但如公众持有是项邮票者,仍准于六个月以内(即二十五年十月一日起至二十六年三月三十一日止),向各邮政局所调换同值之普通邮票"。掉换期满后,须将剩余之票寄交北平邮票监视课处置。

　　此票尚未发现显著之变体。据《甲戌邮刊》第三卷第七期及第十期,偶见之变异趣味票有:①2分票之"生"字第四笔右断;②2分票之"活"字第五笔右断;③2分票"新"字之"斤"第三笔短;④2分票之"2"右上角应凸而凹;⑤5分票之"耻"字,"耳"下多一点;⑥5分票"礼"字破损。笔者曾见到一变异之1元票,票中间灯塔及左右柱均向左重印有3毫米左右,但上下端之文字均十分清晰,无任何重印迹象(见附图11-8);票上有防盗加盖"湟源",信销日戳为三格式,上为"青海",下为"湟源",中为信销日期"廿五年四月廿五日"。因索价甚昂,以笔者之邮识难以决断,乃持以请教著名集邮家得到指教:"防盗加盖票"因民国时期,地方治安不靖,盗贼横行,而盗

图11-8

贼除抢劫财物外,邮票也为被劫目标,致令邮政当局损失不少;全国各地币值比率高低不一,有部分地区币值仅及银圆之 50%~70%,故有商人由币值低之地区购买大量邮票运至币值高之地区出售获利,邮政当局也蒙受损失,故令各县市之邮局可自行刻制该地之地名戳,加盖于邮票上,以局限此等邮票仅能于当地使用。加盖原票有宫门票(1~20 元),总理像伦敦版(1~5 元)、中华版(1~20 元)、大东版(1~20 元)、纽约版(1~20 元)及烈士像票中之高面值票。香港陈兆汉先生编著之《中国邮票图鉴》列有发行防盗票之各省邮局目录及图谱,青海省湟源也有图像,核对无误。但图谱中未见有纪念邮票加盖防盗地名戳者。中间灯塔,"礼义廉耻"四字圆框及石柱之向左重印,经分析系印刷过程中之沾印,均属罕见。故将该票收入笔者所编之《中华邮政纪特邮票》邮集。

应用实例:1936 年 1 月 30 日武昌寄美国国际平信邮资 20 分,此邮资于 2 月 1 日即调整为 25 分(附图 11-9)。

图11-9

十二、中华邮政开办四十周年纪念邮票

中国近代邮政自光绪二十二年(1896年)正式独立经营,至民国二十五年(1936年),适为四十周年。随着机构的健全和各种邮政业务的扩充,以及邮路的延长,对社会的发展起到了一定的促进作用。

1936年3月14日,郑州甲戌邮票会向交通部提议发行纪念中国邮政开办四十周年专题邮票,提议函中提出中国邮政开办已四十年,而所出纪念邮票仅十余种,比他国落后;并建议邮票图案设计欲别出心裁须多方咨询,以求达到尽善尽美。交通部采纳了上述建议,于当年5月17日,饬令邮政总局提出方案;邮政总局认为纪念邮票最为中外集邮家乐于收藏,为了充分表示邮政进步以及引起集邮者的兴趣,应设计四种图样:①南京政府交通部新办公大楼;②上海邮政管理局;③运输邮件的水陆交通工具;④今昔运输工具之比较——飞机与驼队。

邮政总局仍安排北平财政部印刷局,绘制图样,呈请核准后印制。经过当年6月10日、7月7日两次送图样的审核修改,最终定稿为四枚,图案均不同,民国发行纪念票以来,全组各枚图案均不同者,以此为首次。(见附图12-1、12-2、12-3、12-4)

图12-1

图12-2

图12-3

图12-4

2分票,图案中心圆形,内绘塞外驼队行于塞外雪地之中,道旁有帐幕,上空有飞机飞翔。飞机之左有云彩阴影,其中有白文"今"字;而骆驼队与帐幕之间,又隐一阳文"昔"字,以表示今昔之区别。圆框外两边左绘轮船、右绘帆船及火车,均邮政运输工具也。上下横框分刊"中华邮政"、"开办四十周年纪念",四角分印中文及阿拉伯数字面值。而主图之后,又绘制类似楼阁之图案,影响图面显得杂乱。

5分票:图案为上海外滩风景,大轮船一艘泊于黄浦江边,岸上有邮车,江上有帆船、轮船,天空有飞机,右下角有一邮筒之上端。左右上角分刊中文及阿拉伯数字之面值,下边为"中华邮政开办四十周年纪念"之文字。

2角5分票:图案为上海苏州河北四川路桥堍之上海邮政管理局大楼外景,此楼为全国邮政系统建筑中最宏伟的,建于上世纪20年代末,但直到现在来看,在苏州河两岸的建筑中,此楼仍以比例匀称,气势雄伟居领先地位。上下横框分别为"中华邮政"、"开办四十周年纪念"文字。左右二下角分别为中文及阿拉伯数字面值。两侧为柱状图案,而左右二上角则饰以如意状花纹。

1元票:图案为南京交通部新建成之办公大楼,外观精美堂皇,为当时南京政府各机关办公大楼之冠。两旁以邮筒作框。上下横框分别为"中华邮政"、"开办四十周年纪念"文字。左右二下角分别为中文及阿拉伯数字面值。

中华邮政开办四十周年纪念邮票由北平财政部印刷局雕刻凹版印刷,图幅为纵22毫米,横31毫米。全张枚数为纵十横十之100枚式,齿孔为14度。厂铭为英文"CHINESE BUREAU OF ENGRAVING AND PRINTING"阴文体大写英文字体位于近似椭圆的图框内,分别位于第2-4号票及第7-9号票之上方和第92-94号票及第97-99号票之下方,厂铭颜色与邮票刷色相同(附图12-5、12-6、12-7)。

面值、刷色及发行数量见表12-1。

表12-1

面值	刷色	发行数量	用途
2分	桔黄	1,500,000枚	本埠平信
5分	绿	7,500,000枚	外埠平信
2角5分	蓝	740,000枚	国际平信
1元	深红	260,000枚	国际航空包裹

1936年9月23日，邮政总局发出通告："查本年适值我国邮政开办四十年之期，为资纪念起见，业经呈准发行邮政开办四十周年纪念邮票，计分二分、五分、二角五分及一元四种，每种图案不同，定于二十五年十月十日起在各邮政局所开售。如公众购买时欲用邮局日戳盖销者，亦可申请照办，又为便利集邮家收藏起见，另备纪念邮册一种，由各重要局所同时发售。限售至二十六年三月底为止，期满即行停售，

图12-5

图12-6

图12-7

在停售后三个月内，仍可用以贴纳邮资，自二十六年七月一日起，即行废止，不准贴用"。

纪念册共四页，封面及封底均为白色厚纸，封面上首印"中华邮政开办四十周年纪念"，下印"中华民国二十五年交通部邮政总局发行"，中为交通部新大厦图片。册内两页，一页为透明纸，一页印有贴票方格及花边。左边打孔，系以蓝白相间之系绳。过去民国纪念票也印纪念册，但数量不多（一般500册），供馈赠邮联各国、各使馆及机关负责人之用。这次印制3万册，凡向邮局一次购买此项纪念邮票全套的，均免费赠予此邮票册一本，多购多赠，赠完为止。这次为集邮家收藏而发行纪念册尚属首次，也显示了邮政当局开始重视日渐扩大的集邮群体。

上海发行邮票时，颇为热烈，双十节上午9时前，四川路邮政总局门前即

聚集中西人士百余人，大门初启，即现纷乱之象，但邮局分设售票处，尚属有序；半小时后购买者多达五六百人，中华、新光、甲戌三邮会会员购票者甚多，购票数量竟遭折扣限制；而希腊人泼泊道拉夫则自窗口内携大批而出，购者大哗，但当时西人主持局务，偏袒外人，终无奈何也。（《近代邮刊》第三卷第三期张包子俊《人生难得几回抢邮时》文）。

此纪念票发行后数年，在外国竟发现有"中华邮政开办四十周年纪念"伪造小全张，其面积为高 100 毫米，横 150 毫米，有背胶，中印一邮票，刷绿色，票幅为纵 35 毫米，横 50 毫米，齿孔为 11 度半，其图案仿如 2 分票，但面值改印 1 元，下有隶书"中华邮政"、"开办四十周年纪念"字样，但"念"字缺少最后一点。后经查明为法国巴黎某邮商之伪造品。新中国成立后，此种伪制品仍在国外市场出现。上世纪 80 年代，笔者在法国工作时，星期日到巴黎香谢里舍大街旁之邮市（仅周末设摊）觅邮，有的邮商见我是中国人，曾向我出示该"小全张"开价 1000 法郎，说中国国内少见，多购可以打折。后在塞纳河旁之书摊上，也见过此"小全张"，但价格较低。笔者知其为伪品，付诸一笑而已。

图12-8

应用实例：1936 年 11 月 20 日上海经香港寄英国之国际航空信（图 12-8）。

十三、"美国开国百五十年纪念"邮票

自 1492 年 10 月 12 日哥伦布发现"新大陆"后,欧洲各国纷纷移民美洲。16 世纪后英国新教徒,在国内备受政治压力,多移民新大陆以求发展。到 17 世纪,北美洲大西洋沿岸 13 州多为英国殖民居留开垦。当时英国政府财政困难,厉行"航海法"、"关税法"及"印花税条例",限制殖民地之商业并增加其负担,并加以政治、经济及军事压力。1774 年 13 州组织大陆会议,任命乔治·华盛顿为总司令对抗英军;另由杰弗逊及佛兰克林组织委员会起草"独立宣言",于 1976 年 7 月 4 日在费城经大陆会议通过,1812 年后 7 月 4 日被定为美国国庆日。美国独立战争在法国支持下,从 1775 年打到 1781 年,1781 年 10 月 19 日英国将军康华里率 7000 余人在被法、美军队包围的约克敦城投降,于是在美国的陆地战争宣告结束。1781 年 9 月初在佛吉尼亚角的英法海战中格雷夫斯指挥的英国舰队败北。最后于 1783 年 9 月 3 日在巴黎凡尔赛宫签订和约,英国政府正式承认美利坚合众国独立。1787 年举行宪法会议,由华盛顿任议长,制定宪法。1789 年根据宪法,成立国会,并选举华盛顿为第一任总统,4 月 3 日宣誓就职。

1939 年 7 月 4 日,为美利坚合众国开国 150 周年纪念。1938 年 5 月,交通部接驻美大使王正廷来函:"据美国议员沙尔布露姆函称:际斯美国独立 150 周年纪念之期,各友邦多筹备发行纪念邮票,籍以庆祝而敦邦交;希望我国也特印一种纪念票等语。"经发交邮政总局核议,认为为敦睦邦交起见,自应与各国取一致行动。

这套纪念邮票,须于 7 月 4 日美国国庆发行,时间急迫,邮政总局上海供应处与商务印书馆及中华书局接洽,该两局均以日军已占上海,不便在沪印制;结果定由香港中华书局承印,于 6 月 25 日印妥交货。

最初拟定之图案,为以中美两国之地图作背景,两端分绘蒋介石及美总统罗斯福像。后考虑图案按美国惯例不能以在任总统肖像刊于邮票,乃由中华书局改为孙中山及华盛顿肖像。正办理间,复接王大使来函称:"各国庆美纪念邮票,多数赶印不及,将于明年4月间发行"。我国邮政总局,亦恐时间过于迫急,印成之邮票,如过于简陋,则有辱国体,乃着令中华书局暂缓赶印。嗣后又接王大使来电建议在美印制,乃再改与美国钞票公司驻香港代表麦克利接洽,由该公司先行绘制图样寄阅,10月间图样寄到,系以我国地图作图案,其左为中美两国国旗,上端横书"美国开国百五十年纪念"字样,下端横书"中华民国邮政"六字,右上角列中文面值,左下角列阿拉伯数字面值,经呈交通部核准,即于1938年11月16日签约交由该公司承印。此几番周折之纪念邮票筹印事宜,至此始告定夺。

邮政总局于1939年3月21日第764号通令各邮区,定于4月15日起在各邮政局所发售。但1939年4月1日,运到的第一批印成品,发现中国地图上漏掉海南岛。邮政总局一面电知美国钞票公司修正重印,一面通知各邮区推迟发售。美国钞票公司接到通知后,当即将印错之票全部销毁,并即改版重新印制。新印的邮票于6月10日运到香港交货,发行的日期改为1939年7月4日,限售至1940年3月31日止,5月1日即行废止作邮资用,持有该票者,仍可于10月31日以前,向各邮局换回同面值之普通邮票。

这套邮票地图及边框系雕刻版凹印,国旗红蓝两色则用胶版套印。图幅特大,纵36毫米,横51毫米。全套枚数为纵十横十之100枚式,印制精美。而且地图是包括东三省的中国地图,明显带有反对日本侵略成立伪满洲国之意。因而极受集邮者欢迎,争相预购。在上海邮局订购之票,共25000套,亦于7月11日寄递到上海,票封内附一英文小柬称:"此票由昆明寄出,请勿将之贴寄沦陷区"。

该票之面值、刷色及印刷和实销数量见表13-1:

本纪念票之大全张无版铭,但每张邮票下端,均印有"美国钞票公司"之中文小字,此种情形,除"宣统登基纪念邮票"外,为其他纪念邮票所无。试模样张见图13-1,邮票见图13-2、3、4、5。雕刻母模印样见图13-6。中美国旗胶版套色三步骤样票见图13-7、8。

表 13-1

面值	刷色	印刷数量	实销数量
5分	绿及红、蓝	3,000,000 枚	2,298,800 枚
2角5分	暗蓝及红、蓝	2,000,000 枚	874,400 枚
5角	棕及红、蓝	1,500,000 枚	666,400 枚
1元	枚红及红、蓝	1,600,000 枚	680,580 枚

注:红与蓝均为两国国旗之原色

印刷之变体,据张包子俊在《新光邮票杂志》第七卷第五期云:在全张第 78 枚,青天白日旗上之白日左面白色光芒第二枚,内多一蓝色芒刺,四种面值均备。一元票中,中华民国之"中"字面白框中断。

图13-1

图13-2

图13-3

图13-4

图13-5

图13-6

图13-7

图13-8

　　1941年12月8日，日本偷袭珍珠港，美国参加太平洋战争后，日伪即进占上海租界。因此票印有完整之中国地图，包括伪满州国窃据之东北三省；又有中美两国之鲜艳国旗，图案尤为触目。终于遭日本军事当局查禁行销，命令驻沪日本宪兵司令部详查没收。日本便衣特务于1942年2月查抄了张包子俊经营的奥伦多邮票公司及五洲邮社、绿光邮社等邮商，没收该票。后来日军越发扰之不已，竟至根据新光会员录挨家去抄，新光邮票会会员王疆松因对查询便衣闭门不开，并向捕房报告盗警，而被传进宪兵营受了拘留之苦，交出邮票后始释出，这也算是集邮界之厄运。(《近代邮刊》第三卷第二期张包子俊《集邮要有不怕失败的勇气》)。

　　应用实例：1939年7月6日重庆巴县航空至香港，再海运经夏威夷至美国的国际挂号信(附图13-9)。

图13-9

十四、中华民国创立三十周年纪念邮票

中华民国自辛亥武昌起义至民国三十年(1941年)十月十日,已达创立三十周年之期,此时国难方殷,政府为奋发沦陷区人民之心志,特于事前饬令邮政总局筹印"中华民国创立三十周年纪念"邮票。当时邮政总局已随国民政府内迁昆明,惟沦陷区邮政局,奉令留守维持邮政体系,仍受总局节制。近年《中国集邮报》发表的黄锡昌、余耀强先生所著《沦陷区内的中华邮政》一文,讲述甚为详尽,笔者摘取该文部分内容,以使读者了解邮政体系得以维持的原因。抗战爆发后,华北、华东、华中、华南等地相继沦陷。邻近上海的江苏、浙江、安徽邮政管理局,集中到位于上海公共租界内上海邮政管理局内办公,然后设法让这些管理局回到原地恢复运营;任命上海邮政管理局长法国人乍配林为"沪苏浙皖联区总视察";同样指派北平邮政管理局局长意大利人巴立地为"平晋豫西联区总视察";河北邮政管理局(在天津租界)局长意大利人克立德为"冀鲁豫东联区总视察";英国人施密司在汉口,英国人睦朗在广州,主持当地邮务。另外英国人慕雷主持香港"广州邮局分信处",法国人儒福立在越南海防主持"邮件转运处"。在太平洋战争之前,日本对欧美列强尚有顾忌,而外国人亦常利用其本国驻华使领人员向日方交涉,在邮政运营的维持上获得不少便利。

邮政总局为筹印此项纪念票,特饬令上海供应处酌情办理。上海供应处接到总局命令后,即委商进行设计图样,并为避免日敌之干预,一切均保密进行。当时曾制备样票三种:3角面值者为国民政府主席林森肖像,5角面值者为孙中山肖像,1元面值者为蒋介石肖像。其边框及装饰花纹,则三枚均相同,上首为半圆形实地框,内有白文"中华民国成立三十周年纪念"字样,下端写有"林主席肖像"等字样,左右两端为阿拉伯数字面值,各样票下端纸边,均有"拟样设计人吴小波"横排小字。后考虑有蒋介石等肖像的邮票,在沦陷区恐多不便,势必遭日敌禁售,则发行此组纪念票以鼓励人心之目的,无法达到。而另拟新式样,时间过于迫切,再刻新模已来不及。退而求其次,改用库存香港版孙中山总理像及烈士像票,交由上海永宁书局加盖作纪念票应用。加盖之式样,系以新五号大小之宋体"中华民国创立"、"三十周年纪念"十二字,分左右两行排列,下有比六号宋体还小之"三十年十月十日"字样,自右至左单行横列(见图14-1)。一般常用之铅字,并无如此小者,故可知此加盖印版之制造过程,乃先以较大铅字拼成全版,然后缩小制锌版印刷。按原角数以下各票,全张均为纵十横二十之200枚式;但圆数票为纵五横十之50枚式,故用以加盖之锌版,亦有两种版式。此为我国第一套加盖发行之纪念票。

全套共10枚,均加盖于港版总理像及烈士像票上(见图14-1),照原值发行,加盖字色,或红或蓝。港版烈士像加盖邮票有四种(1分、4分、21分、28分)其中文厂铭为"商务印书馆印制",分别位于第5-6号票及第15-16票之上方(附图14-2);英文厂铭为"THE COMMERCIAL PRESS.LTD",分别位于第185-186号票及195-196票之下方(附图14-3)。港中华版总理像加盖邮票有五种,其中2分、8分、1角、1角6分为四种整版为横二十纵十之200枚式(商务、大东版相同),中文厂铭为"中华书局发行有限公司雕刻印刷"(附图14-4),分别位于第2-3、10-11、18-19号票的上方;英文厂铭为"ENGRAVED &PRINTED BY CHUNGHWA BOOK CO.LTD",分别位于第182-183、190-191、198-199号票的下方(附图14-5);高面值1圆票为横十纵五之50枚式,中文厂铭位于第5-6号票之上方,英文厂铭位于第45-46号票之下方。港大东版总理像为面值30分

图14-1

者,其中文厂铭为"大东书局香港印刷厂印制",分别位于第2-3、10-11、18-19号票的上方(附图14-6);英文厂铭为"PRINTTED BY DAH TUNG BOOK CO. LTD.H.K",分别位于第182-183、190-191、198-199号票的下方(附图14-7)。以上厂铭颜色均与邮票刷色相同。见表14-1。

表14-1

原票	面值	加盖字色	发行数量
港版烈士像	1分	蓝	380,800枚
港中华版总理像	2分	红	383,600枚
港版烈士像	4分	红	386,200枚
港中华版总理像	8分	红	386,200枚
港中华版总理像	1角	红	352,000枚
港中华版总理像	1角6分	红	383,000枚
港版烈士像	2角1分	红	391,780枚
港版烈士像	2角8分	红	390,200枚
港大东版总理像	3角	蓝	390,200枚
港中华版总理像	1圆	蓝	193,800枚

图14-2

图14-3

图14-4

| 图14-5 | 图14-6 | 图14-7 |

　　邮政总局原定以印刷数量之一半,分配沦陷区各局发行,其余半数则分配后方各邮区。于民国三十年国庆节发行,限售一月,并限贴用至年底止。京沪各区邮局,均能如期发行;后方各邮区,由于交通不便,未能及时普遍分配,有迟至10月20日方始发行者。昆明、西安则于12月1日发行,各局所不及于10月10日以前收到者,则从收到之日起开始发售,仍以售足一月为限。上海邮局分配到6万余套,即于10月10日当日售完,可见沦陷区人民爱国之热忱。《近代邮刊》第三卷第三期张包子俊于《人生难得几回抢邮时》文中描述了当时盛况:"回忆三十周年纪念票于上海称为孤岛时发行之日,邮人几于夙夜不寝,双十之晨,沪北四川路邮政总局门前,沿坡而立者人头如山,近门者一手攀援铁栏,一手紧握纸币不放。九时,局门既启,足音大乱,继以人声。邮局设计周密,发售纪念票之窗口,达八九处,且分售一套者、十套者及大全张者,窗口各别。无如邮人热情奔放,不顾一切,遂有女子哭叫声,小孩叫救命声,邮友有衣襟撕破,犹挤列不舍,有人挤到窗口而钞票挤落不见,亦无人肯加援手。……吾人见之,但觉集邮界前途之望誉日隆矣"。

　　变体:最初之印版,第六十三号"三十周年"之三字误作"二"字,在印刷中被邮局检查员发现,即行改正;印错者仅有少数印就之三角票,亦将此枚变体挖去,然后发各局出售,故此变体并未流出。至于其他破字、移位、缺划及漏字等趣味品,则均有发现。

应用实例：1941 年 10 月 10 日（发行首日）上海寄镇江平信（附图 14-8）

图14-8

十五、中国国民党五十年纪念邮票

孙中山先生于 1866 年 11 月 12 日诞生于广东香山,1892 年在香港西医书院毕业后,行医于澳门、广州。1894 年上书李鸿章,提出革新政治主张,被拒绝。遂于 1894 年 11 月在檀香山集合同志,创立"兴中会",提出了"振兴中华"的口号和"驱除鞑虏,恢复中国,创立合众政府"的政纲,由陆皓东制定青天白日旗为革命旗帜。1900 年惠州起义失败后继续在海外开展革命活动。1905 年 7 月 7 日在日本东京组成中国同盟会,确定"驱除鞑虏,恢复中华,建立民国,平均地权"的革命政纲,提出三民主义学说。在国内外发展革命组织,联络华侨、会党和新军,多次发动武装起义。1911 年 10 月 10 日武昌起义成功。民国成立后,同盟会由秘密改为公开。当时政党林立,乃联合"统一共和党"、"国民共进会"、"共和协进会"等于 1912 年 8 月改组为国民党,选举孙中山为理事长。1913 年 3 月因袁世凯派人刺杀宋教仁,即主张起兵讨袁,旋即失败。1914 年 6 月在日本建立中华革命党,重举革命旗帜,先后两次发表讨袁宣言。1919 年孙中山创办《建设》杂志,发表《实业计划》;并于 1919 年 10 月 10 日将中华革民党改组为中国国民党。1921 年孙中山在广州就任非常大总统。1924 年 1 月举行国民党第一次全国代表大会,以实行三民主义创立五权宪法为宗旨,实行"联俄、联共、扶助农工"的三大政策,成立黄浦军校,武力与民众结合,国共合作,全国归心,北伐成功。

自 1894 年兴中会成立,到 1944 年 11 月,适为五十周年。据邮史家甘木先生在《近代邮刊》第 21 期《近代国邮发行史》文中回忆:他在三十三年(1944 年)十一月十一日中午,回寓所经过上清寺时,看见松柏牌楼正悬挂"庆祝中国国民党成立五十周年"横幅;甘木先生以为"仅张贴标语,开会演讲,殊不足以垂永久。因思我国正式成立邮局以来,已六十余年,而纪念邮票仅发行十四次,与欧美各国每年发行十余次者,不能比拟。既迁盛典,正可乘机发行纪念邮票,为中国国民党党庆作永久纪念，予集邮人士以清凉剂或兴奋剂"。"即于当天下午走告交通部邮电司友人程君，当承赞同。经呈报核准，下令邮政总局筹备"。文曰："查本年为本党成立五十周年纪念，应发行纪念邮票，以资庆祝而垂永久，仰该局迅即筹备付印，于年内发行。其图案种类及颜色等，应于一星期内呈拟候核。又十一月十二日为庆祝本党五十周年纪念日，陪都各邮局应备木戳盖销邮票，以资庆祝，并仰遵照。此令。"总局奉令后，于18日将图样送部审核，交通部将图案略加修改后，即发还邮政总局从速付印。经委托重庆中央信托局印制处，以胶版印制。印刷厂制妥印模样本后，再经邮政总局于12月12日呈报核准，于是昼夜加工赶印，于18日全部印齐。此票自甘木先生提议至发行，仅45天，为历次邮票印制发行之最快者。

图15-1

图15-2

图15-3

图15-4

图15-5

此项纪念票，以孙中山先生遗像为主图，上端半圆形框内，有"中国国民党五十年纪念"字样，其上则绘有党徽。下端为阴文"中华民国邮政"字样，上左右两角，为阳文中文面值，下左右两角，为阴文阿拉伯数字面值（附图15-1、15-2、15-3、15-4、15-5）。图幅纵31毫米、横22.5毫米，全张为纵十横十之

100 枚式。齿孔为 13 度线式齿。厂铭为"中央信托局印刷处"位于第 95-96 号票之下方,厂铭颜色与邮票颜色相同(附图 15-6)。

面值、刷色及印数见表 15-1:

表 15-1

面值	刷色	原来交付数量	从印坏整张中挑出数量
2 元	绿	1,000,000 枚	16,500 枚
5 元	淡棕	300,000 枚	9,500 枚
6 元	暗紫	300,000 枚	13,200 枚
10 元	紫蓝	300,000 枚	13,500 枚
20 元	洋红	100,000 枚	14,600 枚

该票于 11 月 20 日分发东川、西川、云南、贵州、湖北、陕西、甘肃及新疆八个邮区;其中昆明、兰州及迪化三地,均以航邮寄发 2000 套。于 12 月 25 日发售。东川邮局分到 25000 套,几天内就售完,而求购者仍络绎不绝;而母模版已于 23 日损毁,不能续印。故除由西川及贵阳两局,拨寄回部分交东川局销售外;更从印坏之整张中,将单枚完好者挑出(见表 15-1),一并发交东川局销售。

图15-6

此项纪念邮票,各值均有暗记(见附图 15-7),但并不一样。附图上①-⑥表明暗记位置。

①"文"字暗记,各面值都有此暗记;

②"I"字暗记,仅 10 元票有;

③"P"字暗记,仅 2 元票有;

④"T"字暗记,各面值除 5 元票均有,而 5 元票在此位置为"E"字;

图15-7

⑤"F"字暗记,仅 10 元票有;

⑥"中"字暗记,仅 10 元票有;在此位置,6 元票为"O",其他三面值为"C"字。

变体：2 元票左下角之阿拉伯数值，其两小"0"之间有小白点连接（见附图 15-4）。

10 元票第 54 枚，"国民党五十年"之"五"字下，至孙中山像顶上，印版有修饰痕迹。

10 元票第 55 枚，总理像左耳之上有修饰痕迹。

在第 5 及第 6 直行下纸边，即版铭"中央信托局印制处"，版号有 1、2、3、4 等。

应用实例：1945 年 2 月 12 日成都寄新西兰国际航空挂号信（附图 15-8）。

图15-8

十六、孙中山逝世二十周年纪念邮票

中华民国十二年（1923 年）曹锟贿选总统，1924 年第二次奉直战争，冯玉祥倒戈囚禁曹锟，拥戴段祺瑞为执政。段祺瑞为表示"和平"，争取民心，特电请孙中山先生北上会商国是。孙中山先生忧心国事，亟求"和平奋斗救中国"，即于同年 11 月应邀由沪绕道日本东京而至天津；沿途为号召召开国民大会及废除不平等条约，访问日本朝野，接见各界领袖，宣传演讲，不辞劳苦，但素有肝疾，积劳复发。而段琪瑞对国事又无诚意，因此滞留天津。后因北京协和医院是远东医疗中心，乃至京治疗，终以病重不治，于 1925 年 3 月 12 日在北京铁狮子胡同行辕逝世。留下遗嘱，务须依照其所著建国方略、建国大纲、三民主义，继续努力，以求贯彻。主张召开国民会议及废除不平等条约，尤须于最短期间，促其实现。

1945 年 3 月 12 日，为国父逝世二十周年纪念日。中国国民党中央执行委员会宣传部专门委员高荫祖先生以孙中山先生奔走革命，救国救民，四十年如一日，遂于 1 月 2 日去函邮政总局建议发行纪念邮票。邮政总局接纳此议后，即筹备发行，原拟以孙中山青年、中年、老年之不同肖像，改变过去邮票张张相同之旧习。当时借得照片三张，一为 18 岁时一张、二为二次革命时一张、三为 1924 年 11 月北上时在天津摄影一张。发交中央信托局印刷厂试印时，厂方表示 18 岁及二次革命时所摄照片不甚清楚，制版困难，且时间极为迫促，启用三种图案分刻不同之照片，恐未能赶及于 3 月 12 日国父逝世纪念日如期发行。迫不得已，仍用一种图案，即孙中山先生生于 1924 年冬天在天津所摄影之中国袍褂服装照片作图案，此照片之拍摄，距孙中山先生逝世仅三个月左右，较有意义。

此票之图案仅一种，以国父孙中山先生生肖像为主图案，像略偏右，上端中央为国徽，左边有直行隶书"国父逝世二十周年纪念"十字，下端自右起横排

"中华民国邮政"六字,右上角为中文面值,左角框为阿拉伯数字。不用花边,字皆隶书(附图 16-1),以示比历届纪念邮票有所改进。图幅为纵 30.5 毫米,横 20 毫米,齿孔 13 度,无背胶,全张为纵十横十之 100 枚式,以胶版印制。厂铭为"中央信托局印制处",位于第 95-96 号票之下方,厂铭颜色与邮票颜色相同。(附图 16-2)。

图16-1

图16-2

面值、刷色及发行数量见表 16-1。

表 16-1

面值	刷色	发行量	用途
2 元	灰绿	1,000,000 枚	国内平信
5 元	红棕	1,000,000 枚	国内挂号
6 元	紫	400,000 枚	国内挂快
10 元	蓝	1,000,000 枚	
20 元	玫红	300,000 枚	
30 元	棕黄	300,000 枚	

因此时币值已逐渐低落,物价渐趋膨胀,故印三种高面值票准备邮资加价之用。

正式发行日期为 1945 年 3 月 12 日,适为国父逝世二十周年纪念日,首发日并用纪念邮戳一种。

版铭为阳文楷体"中央印制厂"五字,刊于下纸边之中央,位置在第五及第六直行之下。

　　变体：此纪念票印制匆匆，故检查疏漏较多，齿孔之变体，发现尤多：

　　①左边漏齿，5元（在西安发现）；

　　②右边漏齿，10元（在潼关发现）（附图16-3）；

　　③底边漏齿，20元（在湄潭发现），

　　　　　　30元（在西安发现）。

　　笔者尚收藏有2元左边漏齿者（附图16-4）。

图16-3　　　　　　图16-4

　　样票：此纪念票因系胶版印制，故其试模样票均反印，即其图案文字，与正式印出之票品，字体相反（附图16-5、16-6、16-7、16-8、16-9、16-10）。

图16-5　　　　　　图16-6　　　　　　图16-7

图16-8　　　　　　图16-9　　　　　　图16-10

应用实例:1945 年 7 月 11 日湖南常德经重庆、迈阿密至纽约的国际航挂信(附图 16-11)。

图16-11

十七、平等新约纪念邮票

抗战爆发后,国共合作,全体军民浴血抗战,艰苦不屈,取得了平型关、台儿庄等战役胜利,我国国际地位因而提高。太平洋战争爆发后,我国与盟军并肩作战,中国战场牵制了日军大部分兵力使日军无法全力南进,国际声威更大为提高,跃居世界"四强"(美、英、苏、中)之一。

国民政府利用这一有利的国际形势,对美、英发起废除不平等条约的舆论攻势。美、英两国经过频繁协商,于1942年10月10日英美发表联合声明,通知中国政府,自动放弃在华领事裁判权及驻军等特权,并愿意按照平等互惠原则改订新约。中英、中美间开始谈判缔结新约。

1943年1月11日,中国驻美大使魏道明与美国国务卿赫尔在华盛顿签署《中美关于取消美国在华治外法权及处理有关问题之条约》。同一天,中国外交部长宋子文在重庆与英国驻华大使薛穆、印度驻华专员黎去生签订了《中英关于取消英国在华治外法权及有关特权条约》,但是香港、九龙问题英国坚持战后讨论解决。同年5月20日互换批准书后,立即生效,百年来之不平等条约,自此一洗而空。

1943年初,中美、中英签订平等新约之际,邮政总局原拟发行"废除不平等条约"纪念邮票,同时国民党中央执行委员会宣传部,以中英、中美平等新约之签订,实为我国之一大事,除应扩大宣传外,更应发行一组"中美、中英平等新约签订纪念邮票,以庆盛事",因此最终决定发行"平等新约纪念"邮票。

因这套邮票意义重大,图案设计关系国际观瞻。由邮政总局于1月21日会同东川、西川、云南、贵州四区邮政管理局,登报公开有奖征求图案,规定以蒋介石像作主图,配以纪念取消不平等条约或自由平等意义之图案。截至四月底共收到应征图案120余件,其中绘图精美者三四十件。根据适合专题,并具有艺术意味的原则,邮政总局选定金有觉、孙恩华等五人的应征图稿,送请交通部复核,交通部参合金有觉、孙恩华的设计图稿(金有觉设计原图《近代邮刊》三卷一期曾刊出),各采纳一部分,发还邮政总局修正,重绘新图,进行印制。因两人图案都是局部采用,决定给第一名金有觉发奖金1200元,纪念票5套,第二名孙恩华发奖金1000元,纪念票3套。

邮政总局最初修正之图案,在左边上半部,绘中国地图,旁立和平神像,手执火炬,光芒照耀全国,下绘中英美三国国旗,中国国旗居中,英国国旗居左而美国国旗居右,右边圆角长方框,中嵌蒋介石像,上首长方框,刊"平等新约纪念"字样,下端刊"中华民国邮政"字样,再下有"民国三十二年"字样,四角有钟形框,上左右框分刊中文面值,下左右框各刊阿拉伯字数值。后来再将图案修正,蒋介石像框改为盾形,三国国旗放大,并向左边扩展,刊"平等新约纪念"之长形框改为卷轴形,地图中加上较显著之"1943"字样,以纪念签约年份,四周之花纹,改为梅花(民国国花)及回勾万字花(附图17-1)。

图17-1

因该套邮票有关国际观瞻,应力求精美,邮政总局乃呈准交通部于2月将新绘图案寄交美国钞票公司试印样张。样票于1943年10月寄到,并于12月1日,与美国钞票公司签订合同,用雕刻凹版印制,各国国旗红兰两色则以胶板套印。图幅为纵 29.5mm，横 39mm，齿孔 12 度。邮局出售之全张枚数为纵十横五之 50 枚式，印刷全张则为左右两格合印。面值刷色及印刷数量见表 17-1。

表 17-1

面值	刷色	印刷数量	用途
1 元	海蓝及红、蓝	1,000,000 枚	本埠平信
2 元	绿及红、蓝	3,000,000 枚	国内平信
5 元	橄绿及红、蓝	1,000,000 枚	国内单挂
6 元	棕及红、蓝	1,000,000 枚	国内挂快
10 元	玫紫及红、蓝	350,000 枚	国际挂号
20 元	洋红及红、蓝	350,000 枚	包裹

全部邮票于 1944 年 9 月印制完成，10 月间分两批运出，第一批 385 万枚，分装 8 箱，第二批 285 万枚，分装 6 箱。先后交由"Trevider"及"Sauneach"两轮，运寄印度加尔各答中国航空公司办事处收转，按交通部分配到的吨位，航运昆明，由云南邮政管理局洽收，分发后方各邮区。因货多机少，不能立即内运，故迟至 1945 年 7 月 7 日方开始发售，发售日期到 1946 年 6 月底为止。此票因印刷精美，意义重大，加之两年前付印时，所定面值甚低，故发行后出现抢购盛况。

本票未印版铭，但在左格左上角第一及第二横行相对处之左纸边，印有主模版号 "F11690 –REP.OF CHINA STAMPS"（附图 17 –2、17 –3）此"F11690"系美国钞票公司承印品之总编号，此后该公司承印之中国邮票均有总编号。

流出之样票，有主模样票及母模样票。

主模样票印于白纸及白厚纸上，但未印上三国国旗及面值（见图 17-

图17-2

图17-3

4）。胶印之三国国旗试色票，见图 17-5。试色样票见图 17-6、17-7。六种母模样票，各种刷色不同（见表 17-2）。

| 图17-4 | 图17-5 | 图17-6 | 图17-7 |

表 17-2

面值	1元	2元	5元	6元				10元	20元
刷色	深蓝	绿	橄绿	棕	灰黑	红棕	赭黄	紫	红
模号	85109	85110	85111	85112	85112	85112	85112	85113	85114

应用实例：1945 年 7 月 28 日昆明寄美国之国际航空挂号信函（附图 17-8）。

图17-8

十八、"林故主席"纪念邮票

林森生于 1867 年,福建闽侯人。早年在上海组织学生会响应孙中山于广东举行之起义,后率全体会员参加同盟会。辛亥革命后任南京临时参议院院长和国会非常会议副议长,后曾任福建省长,国民党中央执行委员,立法院副院长等职。1932 年起任国民政府主席,1943 年 8 月 1 日因车祸于重庆逝世。11 月 17 日奉安,国葬于重庆主席官邸前,国民政府并于当日颁布褒扬令,备极哀荣。

邮政总局于当年 9 月呈请交通部核准发行林故主席纪念邮票,文曰:"林故主席年高德邵,党国熏耆,一旦遽逝,四海同悲,现拟发行纪念邮票,藉垂不朽,而资景仰"。交通部批示照准,并即委托南平百城印务局徐进贤绘制。因重庆陵墓尚未建成,亦无详细图片可供参考,乃将林森生前在福州官头青芝寺所拍之藏骨塔风景照,绘成一图;另仿谭院长纪念票式样,用林主席半身像绘制一图,送重庆审定,后决定采用林主席像之一帧,略加修改,以作票图;原拟于 11 月 17 日奉安之日发行,但因时间紧迫,来不及实现。在 11 月 17 日各地使用"林故主席奉安记念"邮戳。(附图 18-1)

图18-1

纪念邮票以林森遗像作中心主图,另加国徽及花式边框,上端横框,刊楷体"林故主席纪念邮票"字样,下端中央,刊白字楷体"中华民国邮政"字样,左右下角方框,分刊阿拉伯字及中文面值(见图 18-2)。仍委托美国钞票公司以凹版双色套印。图幅纵 32 毫米,横 22.5 毫米,齿孔为 12 度。邮局出售之全张为纵五横十之 50 枚式;印刷全张为纵二横二之四格式,分切为四,即邮局出售之全张。面值、刷色及印刷数量见表 18-1。

表 18-1

面值	刷色	印刷数量	用途
1 元	黑及宝蓝	1,000,000 枚	本埠平信
2 元	黑及翠绿	3,000,000 枚	国内平信
5 元	黑及红	1,000,000 枚	国内单挂
6 元	黑及紫	1,000,000 枚	国内挂快
10 元	黑及棕	350,000 枚	国际挂号、包裹
20 元	黑及橄绿	350,000 枚	包裹

此票于 1944 年 10 月间印制完成，分装 14 箱，由"FORT TIONDEROGA"轮运赴加尔各答中国航空公司收转，再由交通部驻英东区加尔各答办事处委托福特公司代为发运，装货机转运昆明。因军运紧张，直到 1945 年 2 月 20 日，才运到昆明，交由云南邮政管理局分发，于 1945 年 8 月 1 日林主席逝世 2 周年纪念日发行。

发售之日，极为拥挤，形成抢购。据《近代邮刊》第三卷第二期甘木先生著文介绍："鉴于平等新约纪念邮票之供不应求及购买拥挤情况，乃规定林故主席纪念邮票每人限购 10 套，预计当可分配均匀，不料首日发售，窗口秩序纷乱，经由宪警维持，排成单行，顺次购买，共计售出 2 万套。翌日继续发售，但天未破晓，局外人众已万头攒动，改为每人限购 2 套，迄下午 3 时，竟发生骚动打

图18-2

架情事,宪警弹压无效,秩序大乱,为防意外事件发行,宣布暂时停售,计售出5800余套。数日后改为函购,机关团体加盖关防(公章)正式具函请购,或普通民众具函请购,每函限购5套,并依函到先后办理,以售完为止。……其主要原因,为币制惨跌,票价太低,及有不肖之徒在外出高价收买。此真开抢邮风潮之先例"。

本票并无版铭,主模版号为"F11741"。

样票,在美国印制的有:

①像模试模样票,纵18毫米,横16毫米,黑色印于长75毫米,阔87毫米之白纸,上有"REPUBLIC OF CHINA/SPECIAL V 85081"字样。

②空框试模样票,蓝绿色印于白纸上(长88毫米,阔75毫米),只有"V85082"模号(附图18-3)。

③无值试模样票,黑像红框刷于白纸上(长88毫米,阔75毫米),无数值。

④有值试模样票,印于长88毫米,阔75毫米之白纸,贴在长105毫米,阔95毫米之卡纸上(附图18-4、18-5及表18-2)。

应用实例:1945年8月10日西安寄成都挂号快信(附图18-6)。

图18-3　　　　　　　图18-4　　　　　　图18-5

表 18-2

面值	1元	1元	2元	2元	5元	6元	10元	20元
刷色	黑及海蓝	黑及灰蓝	黑及深绿	黑及墨绿	黑及红	黑及紫	黑及棕	黑及橄绿
框模号	85124	85124	85125	85125	85126	85127	85128	85129
像模号	SPECIAL V 85081	无	SPECIAL V 85081	无	SPECIAL V 85081	SPECIAL V 85081	SPECIAL V 85081	SPECIAL V 85081

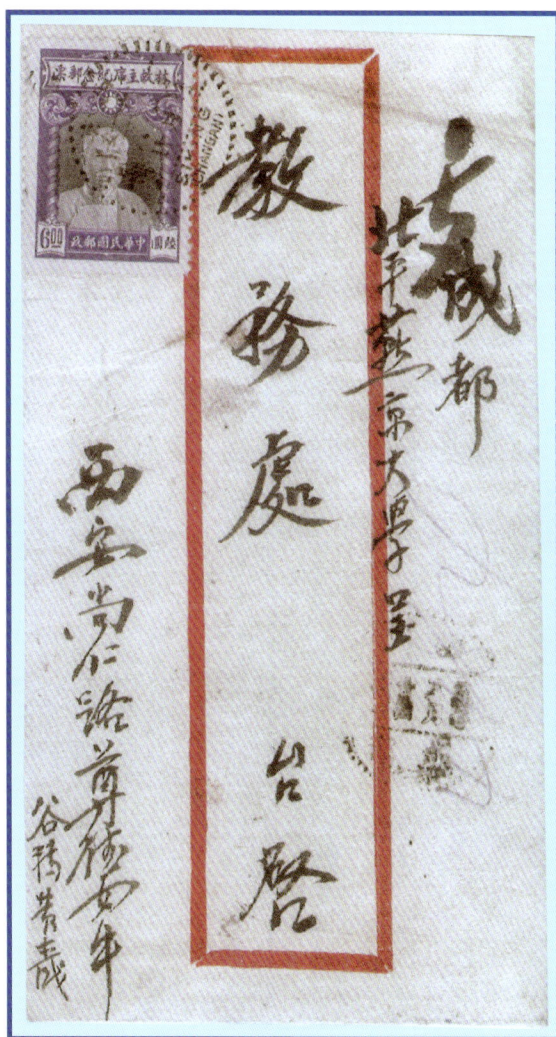

图18-6

十九、"蒋主席就职纪念"邮票

1943 年 8 月 1 日,国民政府主席林森因车祸逝世后,经中国国民党第五届中央委员会第十一次全体会议议决,推举当时任军事委员会委员长的蒋介石继任国民政府主席,并于当年 10 月 10 日在重庆就职。

就职之日,各地邮政管理局、所曾刻制纪念邮戳,加盖在各类邮件之上。纪念戳为圆形(见图 19-1),上端刻"蒋主席就职纪念"七字,下刻"普天同庆"四字;中有圆线框,内列"三十二年十月十日"日期及使用邮局之地名。

其后,邮政总局又筹印"蒋主席就职纪念邮票"。于同年 10 月下旬拟就图样,呈报交通部核示;图样

图19-1

以蒋介石就职时所摄照片为主体,另配四个灯笼,上各书"普"、"天"、"同"、"庆"一字。交通部以"普天同庆"四字,已用于就职日纪念邮戳,不能再用,灯笼也欠雅观,更不应采用,故即将原图发还重绘。

图19-2

邮政总局经数度研究修改,最终采用蒋介石戎装像为主图,右方后面衬以国旗一面,上首花框内,有篆文"蒋主席就职纪念"七字,下为白文"中华民国三十二年十月十日"楷书,下端左侧为"中华民国邮政"六字,右边框内为中文及阿拉伯数字面值(见图19-2)。图样核定后,于1944年1月寄交美国钞票公司,以雕刻凹版制印,另以胶版套印国旗红、蓝两色。图幅为纵35.5mm、横23.5mm,齿孔为12度。全张为纵五横十之50枚式;印刷全张则为纵十横二十之200枚式。面值、刷色及印刷数量见表19-1:

表19-1

面值	刷色	印刷数量	用途
2元	绿、红及蓝	5,000,000 枚	外埠平信
4元	浅蓝、红及蓝	1,000,000 枚	国际平信
5元	灰绿、红及蓝	2,000,000 枚	外埠单挂
6元	棕、红及蓝	1,000,000 枚	外埠挂快
10元	灰、红及蓝	500,000 枚	国际挂号、包裹
20元	玫紫、红及蓝	500,000 枚	包裹

本票无版铭,但印主模版号"F11811",此为美国钞票公司之承印品号数,并印有"REPUBLIC OF CHINA"字样,(附图19-3、19-4)。

图19-3

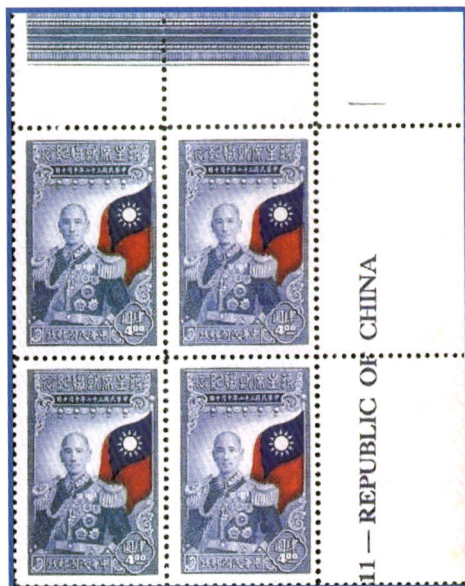

图19-4

此票于 1945 年 5 月间印制完成,分装 20 箱,交由"Walter Frederickraft"轮运往印度加尔各答中国航空公司办事处收转。邮局接获通知后,即委托福特公司代提航运昆明,因战争期间,交通不畅,迟至 8 月底始全部内运,由昆明邮政管理局洽领,分发各邮区,定期 1945 年 10 月 10 日开始发售。

此时日本已经无条件投降,此纪念邮票也在上海及江苏两邮政管理局发售,因而供不应求。邮政总局拟续印 800 万枚,并添印 200 元、300 元及 400 元三种面值各 150 万枚,在全国发行,但因印制及运送时间过长,恐失时效,未能实行。又拟照邮资加价(国内平信自 1945 年 10 月 1 日起由 2 元调升为 20 元)比例,增加 10 倍,改值发售,但又不能更改发行日期(1945 年 10 月 10 日为蒋介石就职国民政府主席两周年);而且加盖改值,在该票票面上也无适当之加盖位置,勉强加印,损及图面美观,也不妥当。于是决定仍按照原来面值发售。全套邮票面值仅 47 元,较之通货膨胀的物价指数显得过低,因此购者踊跃,为前所未有。

样票:流出之样票有以下几种。

主模样票:印于薄白纸衬贴于卡纸上,纸长 82mm、宽 72mm,像印黑色,未印国旗及数值,票上印有"SPECIAL V-85383"号码(见附图 19-5)。试模样张见图 19-6、19-7。

图19-5

图19-6

图19-7

母模样票:①2 元照发行刷色印于长 100mm、宽 86mm 之白纸上,模号

"85729"。②4元照发行刷色印于长88mm、宽71mm之白纸上,模号"85730"。③5元照发行刷色印于同上尺寸之白纸上,模号"85731"。④6元照发行刷色印于同上尺寸之白纸上,模号"85732"。⑤10元照发行刷色印于同上尺寸之白纸上,模号"85733"。⑥20元照发印刷色印于长87mm、宽70mm之白纸上,贴于长102mm,宽90mm之卡纸上,模号"85734"。

变体:此纪念票尚无任何重大变体发现,仅见有国旗红蓝套色不准之趣味票而已。

图19-8

应用实例:1946年10月16日汕头经广州、香港寄澳大利亚的国际航空挂号信(附图19-8)。

二十、"庆祝胜利"纪念邮票

日本对中国之侵略,狼子野心,蓄谋已久。1927年6-7月,日本政府在东京召开"东方会议",讨论并决定了侵略中国的具体方针。1928年6月4日发生"皇姑屯事件",炸死张作霖。1931年9月18日,挑起"北大营事件",出兵占领东北三省。1933年1月,日军又侵入山海关;3月爆发长城战役,日军占领热河。1937年7月7日挑起"卢沟桥事变",发动了全面侵华战争。

1935年8月1日,中国共产党发表"八一宣言",提出建立"抗日民族统一战线"的主张。1936年12月12日,张学良、杨虎城发动"西安事变",要求"停止内战一致抗日"。国共两党经多次协商,于1937年8月25日形成"抗日民族统一战线"。八路军、新四军开赴华北、华中敌后,广泛开展游击战争,配合国民党军队作战,坚持了八年的抗日战争。1945年8月15日,日本天皇颁布无条件投降敕令。1945年9月9日上午9时,"陆军总司令"何应钦在南京主持中国战区日本投降签字典礼,八年抗战获得最后胜利。

邮政总局在日本接受无条件投降后之第三日,筹印"胜利纪念邮票",绘制图案,呈请交通部核示:"抗战胜利,举国欢腾,积极复员,还都期近。为庆祝并纪念此空前盛典起见,拟印制胜利及还都两种纪念邮票,并拟于10月10日同时发行。兹拟制图案四种,计胜利邮票甲、乙、丙三图(未发行之设计样票见图20-1),还都纪念邮票一图。胜利邮票图案中,拟嵌印蒋主席肖像。……该项胜利纪念邮票拟印三

图20-1

色套版,还都纪念邮票印二色套版,用胶版印刷,以求迅速"。交通部于8月20日指令照准,但还都纪念邮票后因故缓办,胜利纪念邮票则由中央印制厂将图案修正制版,将印模样张送由邮政总局转呈核定。由重庆中央印制厂,以套色胶版印制。

该票图案中绘蒋介石像，围以椭圆形框；其右为国旗，上端自右起横刊"中华民国邮政"及面值，下端刊"中华民国三十四年"，右下角为阿拉伯数字。图左侧刊文字，原定两枚用"庆祝胜利"、两枚用"民族复兴"；但如此需要多制一块版，时间上不许可，因此一律刊印"庆祝胜利"四字（见图20-2）。图幅为纵 22 毫米，横 28 毫米，齿孔 13 度，无胶，邮票全张为纵十横五之 50

图20-2

枚式。版铭横列下边之正中，为"中央印制厂"五字，版铭之左角版号。因系胶版印刷，故用版甚多。据近代票权威钟笑炉先生所集版号统计，"20 元"者最大为 70 号，"50 元"者最大为 32 号，"100 元"者最大为 32 号，"300 元"者最大为 24 号。印刷全张为 4 格计 200 枚。每格为纵十横五共 50 枚，厂铭为"中央印刷厂"，位于第 47-49 号票之下方（附图 20-3）。厂铭颜色 20 元为绿、50 元为棕、100 元为蓝、200 元为红。面值、刷色及印刷数量等见表 20-1。

表 20-1

面值	刷色	印刷数量	用途
20 元	绿、红及蓝	20,000,000 枚	国内信函
50 元	棕及红、蓝	8,000,000 枚	国内挂号
100 元	浅蓝及红、蓝	6,000,000 枚	包裹
300 元	浅红及红、蓝	6,000,000 枚	包裹

母模暗记，均在左边"利"字之勾内藏一英文字母：20 元为"F"，50 元为"K"，100 元为"C"，300 元为"A"。

本套票之子模组，全张 50 枚中有一枚有暗记，一般在第 47 枚；即下边附有版号者。"300 元"票，暗记为"政"字左竖特高，与上横划左端相连。"100 元"票暗记为上首"华"字下划多一白条，呈双脚状，"圆"字之左竖内多一黑点。

图20-3

"50元"票之暗记为"邮"字之"阝"部，直竖下端有小白线自左向下斜刈，形成该竖之末端向下尖斜。"20元"票之暗记在第33枚，繁体"贰"第三横划之右端有一小圆。

所用之纸张，原均以110磅洋道林纸单面无水印纸印刷，纸质厚硬，但"20元"票曾发现有纸张甚薄者，此可能为偶然混入印刷。

变体：此票之变体，以漏齿为最多；同时在内地行首次数色套印，漏色、套印不正、折白等也甚多（兹举数例见图20-4）。

图20-4

主要变体如下所列：

"20元票"：①漏印红色；②上边漏齿；③下边漏齿；④右边漏齿；⑤左边漏齿；⑥横缝漏齿；⑦误印纸背。

"50元"票：①左边漏齿；②横缝漏齿。

"100元"票：左边漏齿。

"300元"票：①左边漏齿；②下边漏齿。

由于通货膨胀，邮资大幅度调整，以国内信函邮资为例：1945年到1946年10月31日国内信函邮资为20元，1946年11月1日调整为100元，1947年7月1日调整为500元，1947年12月11日调整为2000元，庆祝胜利票之面值已无用处，集邮家杨关平一次购买"20元"票七大包，每包500大张，清理时发现一张在左下角第41枚在印刷时因纸折角而未印上蒋介石肖像。其他如粘印、透印等更多见。

应用实例：1946年4月22日天津寄北平的挂号信（附图20-5）。

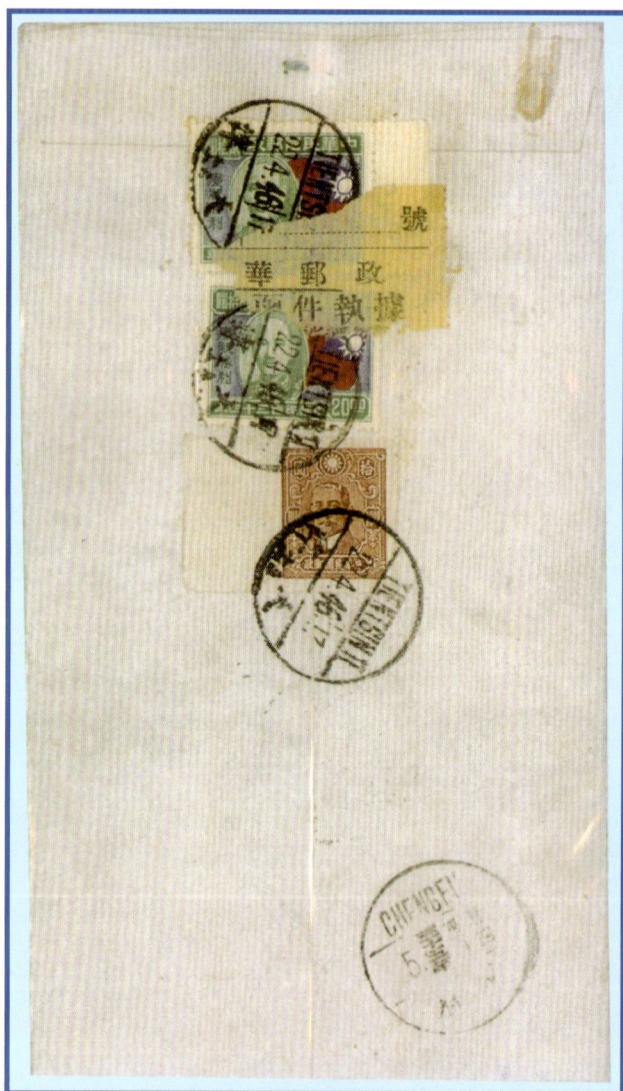

图20-5

二十一、蒋介石六秩寿辰纪念邮票

蒋介石（后改名中正）于 1887 年 10 月 31 日诞生于浙江省奉化县溪口镇。1907 年保定陆军速成学堂肄业，次年去日本学习军事，加入同盟会。1911 年辛亥革命后回国，在上海依附沪军都督陈其美，任沪军团长，并在证券物品交易所当经纪人。1922 年陈炯明叛变时，蒋由上海赴广州随侍孙中山，获得信任，被任为大元帅府大本营参谋长。国民党第一次全国代表大会(国共第一次合作)后任黄浦军校校长、广州警备司令、国民革命军第一军军长。1927 年在上海发动四一二反革命政变，实行"清党"，使第一次国共合作破裂。同年与宋美龄结婚，从此得到了美、英及江浙财阀的支持。

九一八事变后，对日本帝国主义的武装侵略实行不抵抗政策，坚持"攘外必先安内"，继续进行反共内战。1936 年西安事变后被迫接受共产党"停止内战，一致抗日"的主张，开始第二次国共合作，共同抗日。

抗战胜利后，一面与中国共产党进行和谈，一面部署内战，1946 年命令向解放区发动进攻，同时操纵召开国民大会，通过"宪法"。1948 年任"总统"。1949 年在反共内战彻底失败后去台湾。

1946 年 10 月 31 日为蒋介石 60 寿辰。邮政总局于 1946 年 4 月间，函请交通部邮电司核准筹印纪念邮票，要求图案及印刷均应力求精美。邮局因时间迫促，不及登报征求图案，拟具有限制招标办法，分别函请中央印制厂北平厂、中央印制厂上海厂、上海中华书局、大东书局、大业公司等五家，绘图估价。经邮局审核后，以大业估价最廉，图案也尚可用，遂派员持赴交通部洽商。交通部认为三种设计图案中所留蒋介石肖像太小，不甚大方，决定以蒋的肖像为图心，60 个篆文寿字为边框，发还邮局重绘。最后确定图案为蒋介石就职国民政府主席时肖像为中心图案，上端刊"蒋主席六秩寿辰纪念"9 个篆字，四周围以 60 个横直式篆文寿字作框，以示祝寿之意，下端横列二行"中华民国邮政"

及"民国三十五年",左右二下角圆框内分印中文及阿拉伯数字面值。图幅为纵31.5mm、横23.5mm(见附图21-1)。

图21-1　　　　　　图21-2　　　　　　图21-3

　　此票原拟全部由上海大业印刷公司以雕刻凹版印制,因为大业厂凹印设备不足,在10月31日前,仅能印出面值20元和100元两种,而且不能上背胶。于是另由大东书局上海印刷厂用大业厂刻制的原模,翻制印模协同分印面值30元、50元、200元、300元四种。于1946年10月31日混合发行。为便于两版的区别,大东书局承印的邮票,有三个暗记,以资区别:①大东(见图21-4)印者六秩之"六"字内有一小点,大业(见图21-5)印者无;②大东印者,人像衣领右端之两朵梅花,花心有一小点,大业印者无;③大东印者,人像衣钮内以短线小点构成之圆圈,全圆无缺,大业印者,此圆圈左上部之小点缺去数点,而不成全圆。大东之票齿孔为14度,而大业之票齿孔有10.5度、11度、11.5度。

图21-4　　　　　　　　图21-5

大业、大东同于 10 月 23 日起印刷,27 日出票,因时间急迫,均不刷胶。

28 日所交之票,除大业印"20 元"为 50 万枚外,其余五种均为 25 万枚。由上海供应处验收,分发南京 6 万套,上海 4 万套,重庆、北平各 3 万套,天津、汉口、杭州各 2 万套;其他各邮区则待续印者交到,再行分发。故发行首日,各地邮局对购票者均限购套数,形成抢购,黑市飞涨。

面值、刷色、刷胶及印刷数量见表 21-1:

表 21-1

面值	刷色	不刷胶		刷胶	印制总量(枚)
		大业印	大东印	大业印	
20 元	红	2,250,000 枚	1,000,000 枚	1,250,000 枚	450 万
30 元	绿	1,000,000 枚	1,000,000 枚	2,000,000 枚	400 万
50 元	桔红	1,000,000 枚	1,000,000 枚	2,000,000 枚	400 万
100 元	黄绿	1,275,000 枚	1,000,000 枚	2,275,000 枚	500 万
200 元	姜黄	1,000,000 枚	1,000,000 枚	2,000,000 枚	400 万
300 元	紫红	1,000,000 枚	1,000,000 枚	2,000,000 枚	400 万

大东书局初承印之 30 元、50 元、200 元、300 元四种,全张均为纵横各五之 25 枚式,续印六种改为纵五横十之 50 枚式;均无版铭,左上角有版号。台湾刘仲良先生在以公孙柳笔名所著之《民国纪念邮票》甲集中,提到"版号为 1、2、3 号三种,未见 4 号者";笔者邮友张云虎先生收藏之整版票中,大东书局所印红 20 元整版票左上角所标版号为"4"号(附图 21-6),可补充刘仲良先生提法之不足。大业公司承印者,有全张为纵横各五之 25 枚式(附图 21-7)及纵五横十之 50 枚式,均有厂铭,文为"大业印刷公司"六字,印于下白边之正中(附图 21-8),左上角无版号。

图21-6

图21-7

图21-8

纸张均为道林纸,大东印者纸质薄,大业印者纸质厚。

抗战胜利不久,东北、台湾币值与法币不同,因此另外印刷东北三省及台湾贴用者,一律全部刷胶。采用同一版模,由大业公司另铸六块,在蒋介石肖像两旁之空白位置,加入"东北贴用"(见图21-2)、"台湾贴用"(见图21-3)等字样,每边2字。面额、刷色及印刷数量如下表:

东北贴用:于1947年3月5日发行(见表21-2)。

表 21-2

面值	刷色	印刷数量
2 元	红	2,000,000 枚
3 元	绿	500,000 枚
5 元	桔红	500,000 枚
10 元	黄绿	500,000 枚
20 元	黄	500,000 枚
30 元	紫红	500,000 枚

台湾贴用:于 1947 年 2 月发行(见表 21-3)。

表 21-3

面值	刷色	印刷数量
70 钱	红	2,000,000 枚
1 元	绿	500,000 枚
2 元	桔红	500,000 枚
3 元	黄绿	500,000 枚
7 元	黄	500,000 枚
10 元	紫红	500,000 枚

此票齿孔之变体,20 元、100 元票有右边漏齿,30 元票有横缝漏齿发现;笔者收藏有 100 元底边漏齿者(附图 21-9)。印刷之变体,重庆发现有 20 元全张印刷错位者,全张图案偏歪于上方及右方,乃印刷时纸张放歪所致,裁切打齿孔时未发现,打孔时放在印刷正常之票下同打,致此一张偏印之齿孔,均不能打在中缝,而一边打在图案之内,一边则距离图案甚远。

应用实例:为 1946 年 12 月 10 日上海寄捷克国际航空平信(图 21-10);二为 1947 年 4 月 18 日台北本埠平信(图 21-11);三为 1947 年 7 月 28 日长春寄沈阳国内航空挂号信(图 21-12)。

图21-9

图21-10

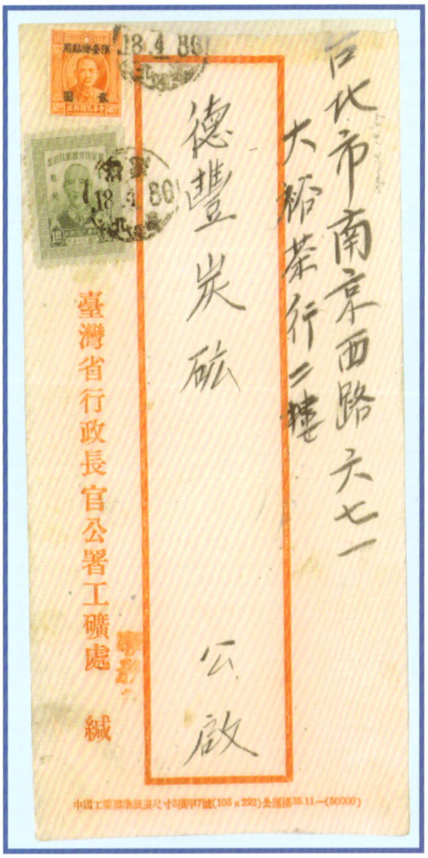

图21-11

图21-12

二十二、国民大会纪念邮票

孙中山遗嘱提出召开国民会议实施宪政,最初拟于1935年3月召开,因代表选举来不及,延期到1937年11月;七七事变发生后,会议再次延期。

1945年4月23日到6月20日,抗日战争胜利前夕,中国共产党在延安召开了第七次代表大会。毛泽东作了《论联合政府》的报告,提出了打败日本侵略者,解放全中国,废除国民党一党专政,成立民主联合政府的主张。同期,中国国民党也在重庆召开了第六次代表大会(5月5日—5月21日),蒋介石宣布将于1946年11月12日召开国民大会,"结束训政,还政于民",会上将通过国民党制定的"宪法",蒋介石就是要坚持反共,坚持独裁,准备内战。从此,中国展开了"两条道路、两种命运"的决战。

1946年11月1日,中共中央发言人廖承志发表声明:必须下令停开一党包办的"国民大会"。11月11日,第三方面代表张君劢、莫德惠等人再次与蒋会谈,要求延迟"国大";但蒋介石此时已悍然发动内战,攻占张家口,遂置反对于不顾,下令于1946年11月15日召开国民大会。

国民大会也称"制宪国大",共出席代表1300余人,其中国民党员占85%。会上通过了由蒋介石亲自审定的所谓《中华民国宪法》。中国共产党、中国民主同盟对会议采取坚决反对态度。周恩来代表中共中央发表了声明。

国民大会纪念邮票,邮政总局早在1936年3月14日即收到甲戌邮票会建议,筹备发行;后因抗战延迟。此后一再延迟,直到确定在南京召开,即由邮政总局饬令江苏邮政管理局摄取国民大会堂门景照片为图案(见图22-1),会堂下面黑暗处及草地于制版时改善,天空白底制版时加刻白云,左右两边各绘国花梅花七朵,上端刊"国民大会纪念"

图22-1

图22-2

字样,下端书"中华民国邮政",左右两下角分书中文及阿拉伯数字面值。图幅纵22.5毫米,横31毫米。全张枚数为纵十横五之50枚式。齿孔14度。由上海大东书局以胶版印刷。面值、刷色及印刷数量见表22-1。厂铭为"大东书局上海印刷厂印制",分别位于第3号票上方及第48号票下方,厂铭颜色与邮票刷色相同(附图22-2、22-3)。

图22-3

表22-1

未加盖			限东北贴用		限台湾贴用	
面值	刷色	印刷数量	面值	加盖数量	面值	加盖数量
20元	浅绿	1200万枚	2元	200万枚	70钱	200万枚
30元	蓝	400万枚	3元	50万枚	1元	50万枚
50元	棕	500万枚	5元	50万枚	2元	50万枚
100元	红	400万枚	10元	50万枚	3元	50万枚

图22-4

图22-5

当时因台湾、东北币制尚未统一，邮资也不同，因此由上海中华书局永宁印刷厂以特制字模铸制凸版，于票面中央直行加盖黑色"限台湾省贴用"（见图22-3）及"限东北贴用"（见图22-4）文字，下端左右分别加印当地通用货币面值。加盖票除在台湾、东北当地发售使用外，在上海及东川两个邮政管理局集邮组也向集邮者发售。"限台湾贴用"按台币面值30倍发售，"限东北贴用"按东北流通券面值12.5倍发售。

此票因系胶版印制，用版颇多。钟笑炉、徐用圭、顾启光、黄登弼等前辈集邮家就各全张比较，发现有不同版式之全张14种，曾分别于《近代邮刊》第13期、第22期、第24期及《邮友》第5、6、7、9期阐述。

一、母模暗记（每枚票内均含有，见图22-6）

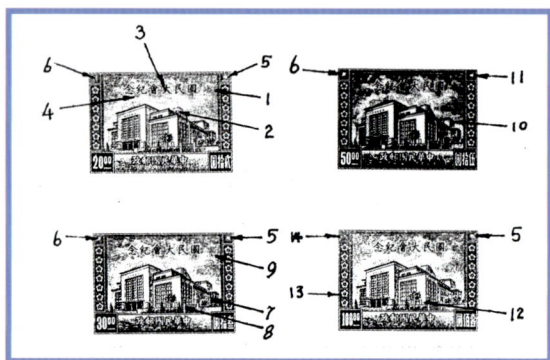

图22-6

（一）20元票：1.国民大会之国字，右方云里有一"上"字。2. 会堂屋顶后部最高之小屋为一小门。3.大字中部多半点。4.纪念之"念"字下方云里有一"大"字。5.右上角之小方框内为"┕"。6.左上角为"┘"。

（二）30元票：7.最后两棵树，左树之右上方有两个窗。8.会堂之边门，门口右旁第一株树为高树。9."国"字右方云里有一"中"字。左右上角小方框内之暗记与20元票同，仍用5、6注明。

（三）50元票：10.会堂左部最后最高之前檐多一个小窗。11.右上角小方框内为"匚"。左上角为"┘"，仍用6注明。

（四）100元票：12.会堂左部前檐有一个"大"字，混在最高一株树之树叶右下。13.右边第6朵梅花花心有一小点。右上角小方框内为"┕"，仍用5注明。14.左上角为"口"。

至于全组共有之暗记，为：15.左下角小树旁有一个"大"字。16.会堂后右旁有一个"東"字。

二、子模组暗记：

（一）20元票：第1及第26枚右上角方框断；第3及第28枚"二十元"之方框上边断；第10及第35枚"政"字撇尖破边；第11及第36枚左边第6朵梅花上瓣破；第15及第40枚左边第1朵梅花左上方多一点及破瓣；第19及44枚"式"字上点与框边连通。

（二）30元票：第2及第27枚左边第2朵梅花破瓣，少一花蕊，多一黑点；第9及第34枚30之右白边有一三角形；第13及第38枚大门行人道断；第6及第31枚门口正中柱上有一白点。

（三）50元票：第10及第35枚，"五十圆"三字之方框左边断及右上角方框断线；第7及第32枚，左边三条直线在中者断；第21及第46枚，左角上之小方框断。

（四）100元票：第3及第28枚，左上角小方框断；第7朵梅花下断线；第5及第30枚，圆字下有一小白点；第9及第34枚，100之小"0"破顶。

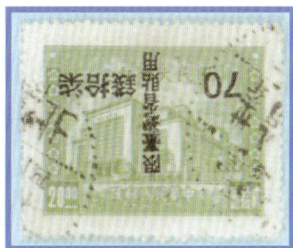

图22-7

该票之变体，20元、30元、100元均有底边漏齿者。限台湾贴用纪念加盖70钱有倒盖者（见图22-7），分析系加盖时将原票倒置放入所造成，因此应该有一整版50枚，笔者有倒盖票新票（经与信销票对比为伪造加盖票）及信销票各1枚，信销票销台北，卅六年九月十四日，据说实用旧票发现极少，有说为"孤品"者，笔者孤陋寡闻，尚请识者赐教。

图22-8

应用实例：一为 1947 年 2 月 18 日天津寄北平挂号信（图 22-8）；二为
1947 年 7 月 4 日台北经香港寄美国国际平信（图 22-9）；三为 1947 年 10 月 2
日沈阳寄北平成府平快信（图 22-10）。

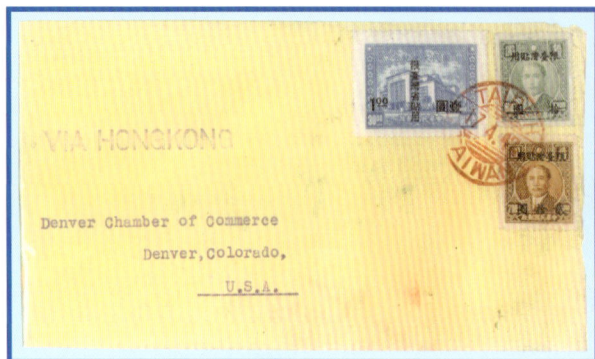

图22-9

图22-10

二十三、"国民政府还都"纪念邮票

邮政总局于日本宣布无条件投降后第三日,即筹印抗战胜利及还都两种纪念邮票,并交重庆中央印制厂设计图案,预定于1945年10月10日同时发行。还都纪念邮票拟以胶版二色套印。但1945年9月11日,交通部邮电司转发行政院训令:"中央正式还都以前不得作任何还都准备"。筹印纪念邮票工作只能缓办。

此票最初设计的图案是:一队武装士兵,行列整齐,步伐一致,向南京挹江门前进,以示凯旋还都。挹江门位于下关附近,是市区交通要道,上挂国旗,飘扬天空,以示欢迎胜利还都。邮票上端横排"还都纪念"四字,下端中刊"中华民国邮政"及"中华民国三十四年"。

邮政总局为求印刷精美,经交通部批准后,将该票交由美国钞票公司印制,并将上述样张于1946年6月间寄交美国钞票公司制模印样,但美国钞票公司认为该图案原系绘画后石印,较为粗糙,不宜用凹版印刷,请另寄发真实照片,以便雕刻制版。

图23-1

在1946年5月5日还都南京之日,各地加盖纪念邮戳(图23-1)。

邮政总局又找到5月5日南京庆祝政府还都照片一张,前景为文化教育路所建牌楼,上有"庆祝还都"四字,后景为行人及人力车等,加绘花边,上书"国民政府还都纪念"字样,呈请交通部审核,因效果不甚雅观,也未采用。

设计期间,汪从周先生提出建议,采用各著名建筑及风景为图案,邮政总局也令江苏省邮政管理局收集国民政府、栖霞山、燕子矶等地照片,但冲洗后模糊不清,由于没有合适的照片,这个采用多种照片作图案的想法只能作罢。

交通部又授意以南京紫金山或中山陵为图案,但汪精卫伪政府曾发行过

"还都纪念"邮票,以紫金山为图案,因此不宜再采用。1947年1月6日,邮电司又转达交通部长批示:"只用中山陵一式"。为了赶在1947年5月5日还都一周年时发行此纪念邮票,去美印已来不及了,决定改在国内印制。1947年1月9日,邮政总局令供应处用有限制招标办法向上海大东书局、中华书局、大业印刷公司及中央印制厂上海、北平两厂公开招标承印。邮票用凹版单色,纸张用60磅以上之进口道林纸,印票油墨"须用最上等美国货",务求光泽鲜明。2月11日,中央印制厂北平厂以每枚国币4.95元中标。

以中山陵前石牌坊远望纪念堂为主图(区别于国葬纪念票仅用纪念堂),以示政府还都,重见陵寝,以告慰国父在天之灵。图上刊"国民政府还都纪念",下为"中华民国邮政",左侧为中文及阿拉伯数字面值,数值后隐英文Victory之"V"字,四周也用小V字100个作框,寓胜利还都之意;内部散布国花梅花26朵上下错落其间,并有比较鲜明梅花7朵,以表示抗战开始之年月日(中华民国26年7月7日)。(见图23-2),票幅纵16毫米,横30.5毫米,全张枚数纵十横五之50枚式。齿孔14度。厂铭在下方正中第48号之下,文字为"中央印制厂北平厂"(附图23-3、23-4)。面值、刷色及印制数量见表23-1。

图23-2

图23-3

图23-4

表 23-1 　　　　　全国贴用票

面值	刷色	印刷数量	用途
100 元	深绿	3,000,000 枚	国内平信
200 元	深蓝	3,000,000 枚	国内平快
250 元	玫红	2,000,000 枚	国内挂号及国内航空
350 元	黄棕	2,000,000 枚	国内挂快
400 元	暗紫	2,000,000 枚	国内航空挂号

并以同一版模印制"台湾贴用"及"东北贴用"字样印在中文面值和阿拉伯数字面值之间（见图23-5、图23-6），而不像其他加盖票在已印好的全国贴用票上加盖"限××省贴用"，这在全国限省贴用纪念邮票中是唯一的一套。

图23-5

图23-6

限省票面值、刷色及印刷数量见表23-2、表23-3。

表 23-2 　　　限台湾贴用

面值(台币)	刷色	印刷数量
50 钱	深绿	1,000,000 枚
3 元	深蓝	500,000 枚
7 元 50 钱	玫红	500,000 枚
10 元	黄棕	500,000 枚
20 元	暗紫	500,000 枚

表 23-3 　　　限东北贴用

面值(东北币)	刷色	印刷数量
2 元	深绿	1,000,000 枚
4 元	深蓝	500,000 枚
6 元	玫红	500,000 枚
10 元	黄棕	500,000 枚
20 元	暗紫	500,000 枚

该票之变异品有中缝漏齿(附图23-7)、大折白(附图23-8)等。

该纪念票于1947年4月15日全部印齐分发全国各地邮局，于1947年5月5日（还都一周年）正式发行（除哈

图23-7

图23-8

尔滨，因哈尔滨已于1946年4月28日解放）。邮政当局为便于全国集邮人士购买限省票，特分拨若干套于上海、北平、南京、东川、贵州等邮局集邮组发售，售价按两地币值与内地法币比例折算。

应用实例：一为1947年5月15日上海寄北平航空信(附图23-9)；二为1947年8月30日台湾新闻纸收费单（利用日本"邮便料金"较少见，附图23-10）；三为1947年6月2日沈阳寄上海航空信（附图23-11）。

图23-9

郵便料金受領證原符　17號

（納付人の居所及氏名）

中華日報台東營部事処

郵第四號甲

料金額	千	百	十	圓	十	錢
			2	0	5	0

（摘要）

新聞紙　41件

毎件重量　22公分

毎件資貨　5角

36年　月　日　　　　（規124×176）

图23-10

图23-11

二十四、教师节纪念邮票

1932年，国民政府教育部根据教育界人士邰爽秋、程其保等人的倡议，批准以每年6月6日为教师节。抗战后，国民政府将教师节改为孔子诞辰日。

孔子（前551—前479）名丘，字仲尼，周春秋时鲁人，生于周灵王二十一年十月庚子，夏历8月27日。是春秋末期思想家、政治家、教育家，儒家的创始者。晚年致力教育，相传先后有弟子3000人，其中著名的72人。其学以"仁"为核心，认为"仁"即"爱人"；提出"己所不欲，勿施于人"，"己欲立而立人，己欲达而达人"等论点，即所谓忠恕之道。又以孝悌为仁之本，以为"仁"的执行要以"礼"为规范，他说："克己复礼为仁"。"仁"以维护贵族等级秩序为目的，但也表现了对一般人的重视。相信天命，强调"知命"，"不知命，无以为君子"；但又重视人为，在生活和学习上采取积极态度，强调"学而时习之"，提倡"知之为知之，不知为不知"的求实态度。自汉以后，孔子学说成为两千余年封建文化的正统，影响极大。封建统治者一直把他奉为圣人，称为"大成至圣先师"。

为促进社会人士重视教师地位及提高学生尊师重道的法统观念，以孔子为"万世师表"。1947年5月29日，邮政总局向上海供应处发出训令，于8月27日发行教师节纪念邮票，要求邮票务于8月20日前交货。全套4枚，为孔子像、杏坛、至圣墓、大成殿。7月14日邮票图稿经交通部门审核通过，因为后三枚是风景图，使用雕刻版效果最好。

但是招标时各厂均以任务繁忙、设备不齐全、制版工程大、限期仓促等理由不愿意印制。只有大东书局愿意承印，但是绘图、制版至少30天，印刷、打齿孔至少25天，因此要求8月20日交货时间来不及。但是8月27日教师节发行纪念邮票是不能更改的，为了两全起见交通部批示，孔子像先用胶印，必须在8月27日前完成；其余三枚还是用雕刻凹版精印，延至10月17日发行，均由大东书局上海印刷厂用国产道林纸印刷。这就出现了一套邮票用不同印刷方式、分期发行的情况。

1.孔子造像原定用唐代画家吴道子所画的孔子画像，邮政总局于 7 月 10 日指令改用南海画家关惠农所绘孔子古装半身像，此图为描写孔子闲居调整乐器之情形。右上角刊"孔子"二字，两旁边框各刊小圆珠 16 颗，上端弧形框内刊"中华民国邮政"，下端左右两角分印中文及阿拉伯数字面值（附图 24-1）。

图24-1

集邮家孙君毅曾评论此图样："孔子著书立说，传诸万世，如以两旁珠形边框改为书本形之图案，则更有意义。若像旁再加'万世师表'或'高山仰止景行为止'之名，则更切合教师节之意义矣"。

此票原定面值 100 元，但是因通货膨胀，1947 年 7 月 1 日，国内平信邮资调整为 500 元，所以这枚邮票的面值也随之调整为 500 元；刷色玫红，无胶，齿孔 14 度，图幅纵 30.5 毫米，横 21.5 毫米。印刷全版为 100 枚，分上下两格；印后切分为纵五横十之邮局全张。因系胶版印刷，版易损破，故票面常有破版之白点发现。其各版共有之版式，为每全张第 44 枚之"国"字第三笔断竖（附图 24-2）。图案中未见其他暗记。曾发现左边及下边漏齿变体。到 10 月 17 日凹版各面值发行时，为搭配 500 元票成套，曾再版加印与以前发行者刷色稍有不同，纸质也稍薄，笔者收藏有薄纸透影之变体。

图24-2

2.杏坛传为孔子授徒讲学之讲授堂遗址，在山东曲阜县圣庙殿前，坛之三面种值杏树，坛前中置香炉，左右花坞各一，上端刊"中华民国邮政"，下端刊"杏坛"二字，左右两下角分列中文及阿拉伯数字面值。全票仅一图，国名及数值均嵌入图中不重要之位置，主图效果完全突出，试模样张见图 24-3，票见图 24-4。刷色棕，无胶，齿孔 14 度。印刷全张为上下两格，每格为纵五横十之邮局全张。著名集邮家钟笑炉在《近代邮

图24-3

图24-4

刊》第三卷第一期"近代国邮丛谈"文中指出母模暗记有"中"、"华"、"邮"、"政"四字。其他版式变体未见。现将钟先生文中指出暗记位置之图附于文后,读者按图上之尺寸位置,即可找到暗记(附图24-8)。

3.至圣墓即孔子墓,在孔林西南角,有大道直达曲阜县城北门口,墓阜作东南向,前竖碑石,上篆书"大成至圣文宣王墓",碑前有雕刻精细之石案石烛台及石香炉等。上端刊"中华民国邮政",下端书"至圣墓"三字;左右两下角分列中文及阿拉伯数字面值。此图案两旁松柏,中为至圣墓(附图24-5),甚合对称比率。刷色绿,无胶,齿孔14度。图案横形,纵21.5毫米,横30毫米。印刷全张为左右两格,每格为纵十横五之邮局全张。钟笑炉于文中指出其母模暗记有"子"、"PO"、"O"、"PO"4种(附图24-8),有漏齿变体票。

图24-5

图24-6

图24-7

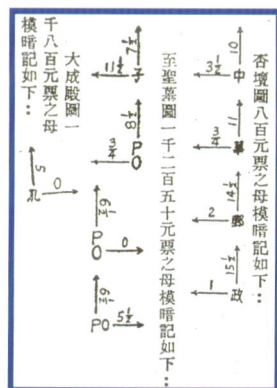
图24-8

4.大成殿为孔庙主殿。宋崇宁三年(1101年)封孔子为辟雍文宣王,因建此殿。殿宇建筑宏伟,坚固壮丽,为全孔庙之精华,殿上悬"大成殿"三字直匾。但在拍摄照片准备制版时遇到了困难,大成殿身太高太长,加之殿前所植松柏的影响,无法拍到理想的正面照片。当时正好曲阜丽影像馆有从东西分别摄影然后拼贴加工而成的大成殿正面照片,已经制版印出母模印样(附图24-6),但是邮政总局在审查中发现,合成的照片由于拍摄时角度不同,所在中间与原殿形状不同,如中间二柱之柱距就较其它柱距为大,最后只得使用从侧面拍摄的大成殿照片。上端刊"中华民国邮政",下端书"大成殿"三字;左右两下角分别列中文及阿拉伯数字面值(附图 24-7)。刷色蓝,无胶,齿孔 14 度。图幅纵 21.5 毫米,横 29 毫米,也为横式。印刷全张、邮局全张,均与至圣墓相同。钟笑炉于文中指出母模暗记为"孔"字,无变体发现。

由上述全套 4 枚图样,较之过去的纪念邮票,特点有三个:①全套 4 枚之图案各不相同;②图样四周无繁杂的花纹;③每种图案名称均印在邮票上。但在印制过程中,指令频繁(7 月 10 日、7 月 12 日、7 月 18 日、8 月 6 日、8 月 9 日、8 月 14 日六次指令),最后"中华民国邮政"在孔子、大成殿二枚为黑底白字,而另二枚为白底黑字。

面值、刷色、印数及用途见表 24-1:

表 24-1

票名	面值	刷色	发行数量	用途
孔子	500 元	红	3,000,000 枚	国内平信
杏坛	800 元	棕	1,500,000 枚	国内航空(10 月 13 日已调整为 1000 元)
至圣墓	1250 元	绿	1,500,000 枚	国内挂号
大成殿	1800 元	蓝	1,500,000 枚	国内挂快

厂铭为"大东书局上海印刷厂印制",孔子、杏坛两票的厂铭在第 2-4、7-9 号票之上方及第 42-44、47-49 号票之下方(附图 24-9);至圣墓、大成殿两票的厂铭在第 2、4 号票之上方及第 47、49 号票之下方(附图 24-10)。厂铭颜色与邮票刷色相同。

原来还准备印东北、台湾限省贴用邮票,但根据邮政总局 7 月 19 日呈交通部文,因台湾地方台币与国币折合率频繁变动等原因,呈请核准不再单独印行。

应用实例:一为 1947 年 8 月 27 日(发行首日)上海寄瑞士国际平信(图 24-11);二为 1947 年 10 月 17 日(发行首日)上海寄长春国内航空信(图 24-12)。

图24-9

图24-10

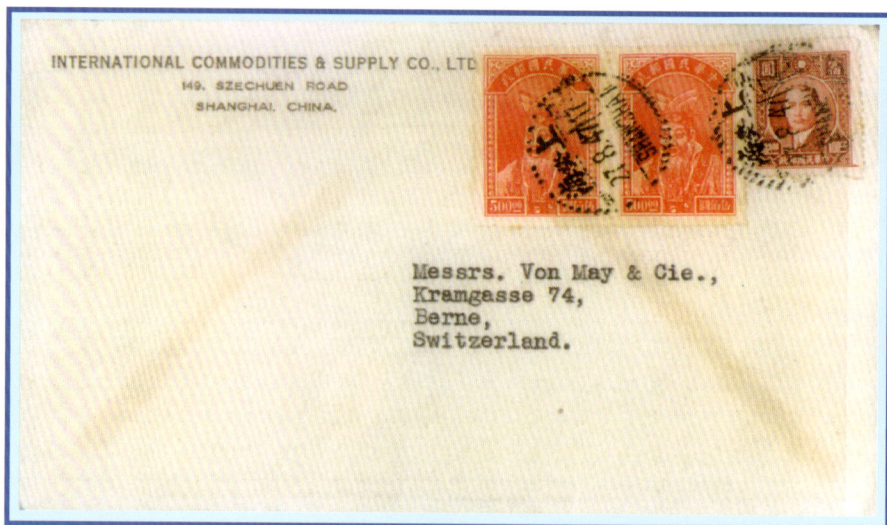

图24-11

图24-12

二十五、"台湾光复"纪念邮票

　　台湾省在我国东南部,东海和南海之间,西隔台湾海峡和福建省相望,东临太平洋。自古以来为中国领土。在远古时代,台湾和大陆相连,后因地壳运动分隔成岛。据考古发掘,台湾古人类起源于祖国大陆。秦、汉以后有关台湾的文字记载已很具体,古称夷洲,隋称流求。明天启四年(1624年)和六年,荷兰和西班牙殖民者分别侵入台湾。明末,郑成功驱逐侵略者,收复台湾。清康熙二十三年(1684年),改郑氏东宁省为台湾府,隶福建省。光绪十三年(1887年)改台湾为行省,名将刘铭传任台湾巡抚,颇有建树。光绪二十一年(1895年)甲午战争清军战败,台湾被日本侵占。

　　第二次世界大战期间,中、美、英三国首脑于1943年11月22至26日举行开罗会议,会议商讨了联合对日作战计划、击败日本后如何处置日本等问题,并发表了《开罗宣言》。《开罗宣言》中明确指出:把日本侵占中国的领土如东北、台湾、澎湖列岛等归还中国;把日本从它用武力攫取的所有土地上驱逐出去;使朝鲜自由独立;坚持日本无条件投降。

　　抗战胜利后,国民政府任命陈仪任台湾行政长官兼警备司令。1945年10月2日,台湾行政长官公署及警备司令部前进指挥所在台北成立。10月17日及22日,中国陆军第70军和第12军分别在台湾北部基隆港及台湾南部高雄港登陆。10月25日日本原台湾总督兼第十方面军司令官安藤利吉大将率所部官兵16.9万人向台湾受降主官陈仪递呈投降书。日本占领中国台湾50年的历史自此结束。10月25日被定为台湾光复节。1945年11月4日曾使用台湾省光复纪念邮戳(附图25-1)。

　　1945年9月,中国国民党中央执行委员会宣

图25-1

传部专门委员高荫祖,曾函请邮政总局筹印台湾光复纪念邮票,但因当时印制中文邮票数量甚多,而内地各印刷厂,或工作繁忙,或筹备迁移,邮政当局拟于台湾光复一周年纪念时发行。

1947 年 5 月,福州集邮家王谢燕,又函请邮政总局发行台湾光复纪念邮票,并建议以鸟瞰台湾全图为图案。邮政总局经交通部批准发行"台湾光复"纪念邮票。7 月 12 日,邮政总局致上海供应处训令,在中央印制厂、大东书局、大业印刷公司招标,先印台湾地图邮票一种 2 枚,以便按期于 10 月 25 日发行。另一图案,则拟在台北市中山堂及延平郡王郑成功祠二种中,交印刷厂择优付印。

以台湾地图为主图者两种。面值 500 元者(附图 25-2),深红色,系印制当时国内平信邮资。面值 1250 元者,深绿色,系单挂号邮件邮资。图幅纵 30.5 毫米、横 22.5 毫米,为直式,有胶,齿孔 14 度。全张纵五横十计 50 张。由中央印制厂北平厂以雕刻凹版印制,赶在 1947 年 10 月 25 日台湾光复节二周年发行。

图25-2   图25-3

台北市中山堂及延平郡王郑成功祠堂两种图案,经数度挑选,并于 1947 年 10 月 30 日在审查委员会第一次会议上讨论,邮政总局最后选定台北中山堂。因迟半年发行,时局动乱,币值剧跌,邮资已于 1947 年 12 月 11 日、1948 年 4 月 5 日两次调整,故虽为同一套邮票,而面值相差达十倍之多。面值 5000 元者,系发行时平信邮资,刷灰紫色。面值 10000 元者,系发行时单挂号信邮资(15000 元,即两票同时贴用),刷桔红色。以台北市中山堂正景为图案,上端刊"中华民国邮政"及"台湾光复"字样,下端刊"台北中山堂",左右两下角分印中文及阿拉伯数字面值(附图25-3),颇为美观。图幅纵22.5毫米,横30毫米,为横式,有胶,齿孔14度,全张枚数纵十横五计50枚。由中央印制厂北平厂以雕刻凹版印制,于1948年4月28日发行。厂铭为"中央印刷厂北平厂",均位于第48号票之下方(附图25-4、25-5)。厂铭颜色与邮票刷色相同。

图25-4

图25-5

500 元及 5000 元两种面值发行数量各为 200 万枚,1250 元及 10000 元两种面值发行数量各为 150 万枚。一并售到 1948 年 10 月底止。

此票并无加盖限省贴用者。当筹印此票时,还考虑发行"东北光复纪念邮票",但因东北解放战争进展迅速,没有发行。

图25-6

图25-7

应用实例:一为 1947 年 10 月 25 日(发行首日)天津寄美国国际平信(附图 25-6);二为 1948 年 5 月 11 日济宁寄上海国内挂号信(附图 25-7)。

二十六、中华民国邮政总局成立五十周年纪念邮票

中国邮政之创办，以清光绪二十二年二月初七日（1896 年 3 月 20 日）光绪皇帝批准总理衙门《议办邮政奏折》和赫德所拟的《开办邮政章程》计算，到 1946 年 3 月 20 日，正好五十周年。从 1946 年 3 月 20 日到 1947 年 3 月 19 日，作为邮政开办五十周年之纪念年。交通部于 1946 年元月，饬令邮政总局应在此纪念年内，发行纪念邮票，以资庆祝。邮局奉令后，即于 1946 年 2 月在重庆、成都、昆明三地登报悬奖征求图案，以发扬邮政事业及各项建设进步为要旨，并公布入选奖励。截至 5 月中旬，陆续收到五十余件应征图案；经邮局审核，图案意义，均无可取。邮局自绘以传书鸽为中心之图案两种，交通部审核也不同意。再由邮局呈绘现用之三种图案，于图案花纹稍作修改后发还邮局，并令再加交通部及邮局房屋风景两种，以便凑足五种图案，避免雷同。但当时交通部在重庆牛角沱，邮政总局在黄角垭，与"四十周年纪念邮票"之南京交通部大楼及上海邮政总局大楼，不可比拟，殊难采用为图案。而因时间关系，决定采用原绘三图，印五种面值。

但是邮票名称又引起了争论。1921 年曾发行过"中华邮政开办二十五周年纪念"邮票，1936 年又发行了"中华邮政开办四十周年纪念"邮票。但中国为文明古国，开办邮政决不仅短短五十年。远在周朝即有官邮，名为"邮置"，步传马传，递送简书。孔子云"德之流行，速于置邮而传命"，即为此意；亦为今日中国邮政之初始。最初实用为递送公文及军令；至汉改为驿站，后仿其制，迄至清末。光绪二十二年，由总理衙门奏请开办新式邮政，就海关所在设立邮局，逐渐推广，驿制乃废，因此驿与邮，实为一体。故言中国邮政历史，应自周朝开始。1921 年和 1936 年发行的纪念邮票，均自光绪二十二年开始，即由海关外国人管理邮政之日起算，与中国邮政实际开办年限，相差太远。

又有建议改为"新式邮政开办五十周年纪念"，以与"驿站"及"民信局"有

所区别。然而光绪四年（1878年），海关邮政已发行邮票，实为新式邮政开办之始，算下来已有68年，也不符合。

最后决定根据光绪二十二年二月初七日总理衙门原奏"开设邮政章程"中，曾有"通商各口设立邮局"及"京都总税务司署中之寄信局则改邮政总局"之议，由此改为"邮政总局成立五十周年纪念"，以符事实。但实际发行的邮票上印了"中华民国邮政总局成立五十周年纪念"。著名集邮家郭润康先生在《近代邮刊》三卷二期"邮政开办与邮总成立——论邮政总局成立五十周年纪念邮票之命名"一文中指出："单单是'邮政总局成立五十周年纪念'自无不可，今冠用'中华民国'就觉得有重大的语病了。……中华民国为国家名称成一种政体，邮政总局为中华民国政体下之一种组织，而中华民国肇元不过三十余年，而政体下之组织却有五十年，乃事前未详加考虑，无怪令人不明了！"因此，郭先生于文中提出二条结论意见，认为"用'中华邮政'实为最确当者"。

图26-1

定了方案寄交美国钞票公司承印，1947年2月印模样张（附图26-1）寄到，版面及颜色，均美观大方；但此时国内、国际邮资及国内航空费，均已增加。原定面值为20元（国内平信）、50元（国内单挂挂号）、70元（国内快递挂号）、100元、200元（国际平信及包裹等用途）已不适用，由邮政总局通知美国钞票公司改为100元（国内平信）、200元、300元、400元、500元五种，并催速付印。自5月28日起，计分十批由纽约陆续运抵上海，截至9月29日即已全部运到。邮票见图26-2。图案形式如下：

①100元票：以地球（球面绘中国地图）及飞机、火车、轮船为图案，以示世界各地因新式交通工具之联络，交往日趋迅速频繁；上端框内刊"中华民国"四字，下端书"邮政总局成立五十周年纪念"十二字，左右两上角分印中文及阿拉伯数字面值。图幅纵22毫米，横31.5毫米。印刷全张300枚，分六格，每格纵十横五计50枚，为一邮局全张。

②200元票、300元票：绘运邮汽车一辆行驶于沿山公路，另有邮递员一

图26-2

人背负邮袋,徒步行走于崎岖山径,上端分二行横刊"中华民国邮政总局成立五十周年纪念",下角分印中文及阿拉伯数字面值。图幅纵 32 毫米,横 21.5 毫米。全张 300 枚,分六格,每格纵五横十计 50 枚。

③400 元票、500 元票:"中华民国邮政总局成立五十周年纪念"十六字分两直行列于票之中央,将票面分为二部分;右半幅画飞机一架,下为中文面值;左半幅绘帆船一艘,上端为阿拉伯数字面值。图幅等与 100 元同。

每一全张其四角之一角有一横直线条构成之长方块形,中间两格上边成下边之正中一枚有一个小"O"和一条直线。全张第一格 7 号票之上方有 F12350 之号码,系美国钞票公司承印品制版之编号(附图 26-3)。

以上五种票面均刊有 1896 及 1946 二年份,且以"五十"二字作边框,寓五十周年之意。齿孔 12 度。刷色及印刷数量见表 26-1:

表 26-1

面值	刷色	发行数量
100 元	黄	2000 万枚
200 元	绿	500 万枚
300 元	棕	500 万枚
400 元	红	500 万枚
500 元	蓝	500 万枚

图26-3

此票原定 1947 年 10 月 10 日发行。邮局为避免发售时窗口拥挤,甚至发生套购牟利,规定了预约办法:①预约期限自 7 月 15 日到 8 月 20 日(后因公众预约购买踊跃,延长到 9 月 10 日);②每人至少预约 10 套,最多 1000 套;③预约时价款一次付清,领取收据;④发行后可自取或免费寄送。同时邮政总局申请核发输入许可证及结购外汇,但"行政院"因外汇紧张,不准结汇,也不发输入许可证,以至全部邮票堆存海关库房。经多次公文往返,始于 10 月 28 日发给输入许可证,准予进口;由邮局派员向海关领货,再开箱点验,包装封发,手续甚为繁琐,迟至 1947 年 12 月 16 日始在全国发行。而此时国内平信邮资已由 100 元涨到 2000 元,整套邮票寄不了一封平信。笔者有一个首日实寄单挂号封,贴了三套邮票加一张"500 元票"。预约者吃了大亏。从这件事也可看出当时政治之混乱低效和通货膨胀之严重。邮局尚印制纪念邮票册及卡片各一种,邮票册赠各省各机关首长、新闻界及教育界等,卡片则赠邮政正式员工每人一片。

图26-4

应用实例:1948 年 2 月 18 日上海寄美国国际航空挂号信(附图 26-4)。值得注意的是该信上海发戳为 1948 年 2 月 18 日,而到美国明尼阿波利斯落地戳为 1948 年 2 月 21 日,只有 3 天时间。当时的螺旋桨飞机不能横跨太平洋,至少经关岛、旧金山中转,而现在巨型喷气式飞机横跨大洋,但寄美国一封航空信一般 7-10 天。相比之下,可见当时工作效率很高。

二十七、"行宪"纪念邮票

1936 年 4 月 30 日,国民政府立法院通过《国民大会组织法》,5 月 2 日立法院又通过《国民大会代表选举法》,分区域进行职业选举,使各阶层各职业的国民,均有选举代表参加国民大会的机会。5 月 5 日,国民政府公布《中华民国宪法草案》,即所谓"五五宪草"。1937 年 2 月国民政府决定于当年 11 月召开国民大会,制定宪法;4 月,"国民代表选举"完成。但 7 月 7 日卢沟桥事变爆发,全面抗战开始,国民政府西迁重庆,国民大会只好延期召开。

抗战胜利,政治协商会议通过《宪法草案修正原则》。但国民党不顾共产党及各民主党派的反对,国民大会于 1946 年 11 月 15 日在南京开幕。12 月 20 日通过"宪法实施之准备程序",规定《中华民国宪法》于 1947 年 1 月 1 日公布,1947 年 12 月 25 日实施。1946 年 12 月 25 日三读通过《中华民国宪法》。

1948 年 3 月 29 日第一届第一次国民大会在南京开幕,并选举蒋介石为行宪后第一任总统,李宗仁为副总统,于 5 月 20 日在南京"宣誓就职"。

1947 年 1 月 1 日,国民政府公布《中华民国宪法》,定于 1947 年 12 月 25 日施行。交通部即令邮政总局于 1947 年 12 月 25 日发行"行宪"纪念邮票,以示庆祝纪念之意,并昭告国人政府已"还政于民实施宪政"之决心。邮政总局于 2 月 17 日,派人到南京中央日报社洽选制宪各种照片,后来又向申报馆索来一部分照片,但邮政总局认为"索来照片均不甚精美,图案花纹等设计也颇不易";乃于 5 月 9 日登报公开征求图案,"俾可罗致新颖图案,而收集思广益之效"。至 6 月底,共收到各种图案 152 种,评选出的第 1 至第 10 名均予奖励。中华书局香港印刷厂刘为祥、黄祥绘样获酬金 400 万元。经邮政总局研究,认为刘为祥设计较好并决定"全用刘君图案印制"(南京国民大会堂和宪法原本)。中华书局香港印刷厂并先行着手代镌印模两方。

通过招标,上海大东书局估价每枚 47 元 4 角为最低,10 月 31 日定由该书局承印，并准即以香港印模翻制大版。以中华民国宪法原本摄影为主图，另以制宪所在地南京国民大会堂为背景，上端刊"中华民国邮政"，下端右角两行分印中文及阿拉伯数字面值，中央刊开始行宪之年份"中华民国三十六年"（附图27-1）。原定印 4 种，根据交

图27-1

通部令改为 3 种（取消了 10000 元一种）。2000 元（桔红色）为图内平信邮资，3000 元（蓝色）为挂号邮件邮资，5000 元（绿色）为快递挂号邮资。原定每种各印 300 万枚，11 月 11 日，邮政总局训令又将每种改为 250 万枚。

图幅纵 21.5 毫米、横 33.5 毫米，无胶，齿孔 14 度。用道林纸印，因纸张厚度不同、收缩有差异，图幅稍有大小不同。邮局全张为纵十横五之 50 枚，上下边各有版铭两个，为"大东书局上海印刷厂印制"。分别位于第 2、4 号票之上方及第 47、49 号票之下方；厂铭颜色与邮票刷色相同（附图27-2）。每全张之左上角，列有版号，2000 元者为"3、4、8"三种，3000 元者为"1、2、7"三种，5000 元者为"5、6、9"三种。于 1947 年 12 月 25 日开始发售，至 1948 年 6 月底停售，仍可贴纳邮资，但不再掉换。

此票并无加盖"限东北贴用"及"台湾贴用"者。但东北、台湾邮政管理局可按币值折价出售此票。

此票图案清晰，未见任何暗记，偶有票上染有墨点者，均是印刷时涂墨不匀所致。刷色稍有深浅，相差不大，未闻有何变体出现。

国民大会纪念票与行宪纪念票发行时间相差 13 个月，但国民大会纪念票发行时国内平信邮资为 100 元，而行宪纪念票发行时已为 2000 元，相差 20 倍。国民大会纪念邮票全套 4 种面值共 200 元，而行宪纪念邮票全套 3 种面值已达 10000 元，相差 50 倍，可见当时通货膨胀、币值飞跌、民生疾苦之状况。

未采用的黄翔设计图案为直型，以农工商学兵象征民众高举宪法原本为

图27-2

主图,示还政于民之意,《近代邮刊》第三卷第六期曾刊登此图稿。

图27-3

应用实例:1948 年 3 月 29 日上海寄美国的国际挂号信(附图 27-3)。

二十八、邮政纪念日邮票展览纪念邮票

民国 37 年(1948 年)3 月 20 日,为"交通部"核定公布之首届邮政纪念日,又是我国于清光绪四年(1878 年)发行第一套邮票七十周年纪念;"邮政总局"在南京新街口社会服务处二楼举行邮票展览会。除展示有关邮政之各种图表及照片外,邮票展出有早期票、纪念票、限省票、未发行之样票、正票等,大致齐全,并展出临时中立及欠资全套、红印花原票、中华帝国及加盖票等珍品,近代票对纸质、齿孔、刷色等均详列,共展览 10 天。

后应集邮界之要求,于同年 5 月 19 日起,将南京展品运至上海,在南京路国货公司二楼中国艺苑再次举行展览,并邀新光邮票会参加展出。邮局展出邮票包括:①普通邮票;②临时邮票;③加盖邮票;④航空邮票;⑤纪念邮票;⑥慈善邮票;⑦军邮邮票;⑧欠资邮票;⑨限省邮票;⑩未发行邮票。共约 130框。珍品有临时中立全组连欠资,黔滇加盖票,中华帝国邮票,红印花小一元及万寿三角短距等。

新光邮票会提供的展品极为充实,约 160 框。参展者有:陈志川、张包子俊、陈复祥、张赓伯、王纪泽、马任全、钟笑炉、范广珍、朱世杰、郭植芳、徐星瑛、孙君毅等 45 人。邮集分为:①前清邮票;②民国邮票;③限新省贴用;④限滇省贴用;⑤限吉黑贴用;⑥限四川贴用;⑦中国早期票实寄封专集;⑧加盖"中华民国"票专集等。其中包括临时中立邮票日本石印蟠龙邮票全套,大龙万寿邮票全套信封等。研究资料则有大龙版式、红印花版式、万寿九分对倒票版式,各种试制票及样票,邮戳研究等。专集有商埠票专集、台湾票专集、中信版专集、八卦戳地名真迹、四方连集等。可以说是旧中国规模最大的一次邮展,从 5月 19 日到 25 日共展出一周,参观者达 3 万人以上,盛况空前,著名集邮家张包子俊、钟笑炉等均著专文记展览盛况(详情见《近代邮刊》第 3 卷第 3 期和第5 期)。

为纪念此一盛会，邮政总局特发行玫红色邮政纪念日邮票展览纪念邮票，分有齿、无齿两种（附图28-3）；上海邮展时，以南京原版（有部分修正）改印灰绿色纪念邮票（附图28-4），均于展览会开幕之日开始发行。胶版试模样票为反印（附图28-1）；试色样票见图28-2。

图28-1 图28-2

图28-3

图28-4

此票为我国第一套票中票，以民国元年发行的孙中山像光复纪念一角票及1947年发行的邮政总局成立五十周年纪念飞机帆船图500元票合成图案；上端横框内刊"邮政纪念日邮票展览"，下端中央为展览之年份——"1948"，右面印面值"伍仟圆"，左面印阿拉伯数字。图幅为26×45mm。面值5000元，从1948年3月16日到4月4日为国内单挂号信邮资，从4月5日到7月20日为国内平信邮资。以网纹道林纸印制，第一次为玫红色，第二次为灰绿色，各分有齿、无齿两种，有齿者齿孔14度。印刷全张为六格，切成六个邮局全张，每张枚数为纵十横五共50枚。由上海大业印刷公司承印，于46号票右下方印英文版铭"DAYEH PRINTING CO.LTD."，50号票左下方印中文版铭"大业

图28-5

印刷股份有限公司"（附图 28-5、28-6）。用胶版印刷，发行数量每次为 175 万枚，其中有齿票 125 万枚，无齿票 50 万枚；共计 350 万枚，50 万套。

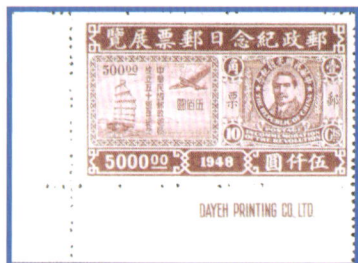

图28-6

该票为胶版印刷，版子易于破损，故发生版式变体颇多。钟笑炉、范广珍、马孟坚等前辈邮学家已作了综合研究（《近代邮刊》第 3 卷第 4 期）。

笔者在修改补充《中华邮政纪特邮票》邮集时，对"邮政纪念日邮票展览纪念邮票"作了版式分析；但因只有六种全张中之一种（此票印刷时大全张 300 枚，切成六个 50 枚之邮局销售全张，上、下白边当中都印着一个十字形短线条，可据此定出 A、B、C、D 四种全张；从全张上白边当中的十字形短线条看为 D 组），因此只能作初步探讨。从红、绿两次印刷的全张票对比中可看出 17 项变体。绿色邮展纪念票因是用红色邮展纪念票原版重印，故其中版式变体仍照旧，有的则已经过修正；但又有些版模因多印而发现新的变体。现逐条列出如下：

一、子模组暗记（附图 28-5）：每一全张只有一枚而各全张均有的。

1.壹字断口，如图 1，位于全张第一枚，两次印刷票都有；

2.C 之框右上如意内有红点，如图 2（第二次印刷为绿点），位于全张第 10

枚,两次印刷票都有;

3.邮政纪念日之"念"字断撇,如图3,位于全张第22枚,第二次印刷时已修正;

4.邮政纪念日之"念"字中心多一白条,如图4,位于全张第32枚,两次印刷票都有;

5.光复纪念票之"纪"字烂头,(附图28-7),位于全张第40枚,两次印刷票都有;

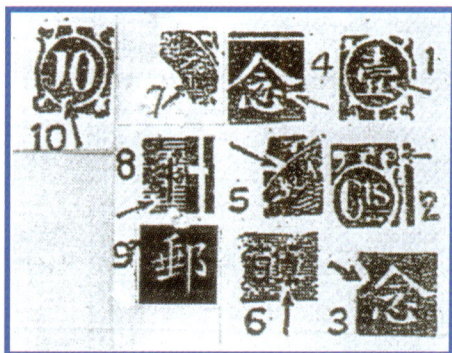

图28-7

6.五十周年票中"伍佰圆"之"伍"下画断,如图6,位于全张第47枚,两次印刷票都有;

7.光复纪念票之"復"字被间断,见图7,位于全张第38枚,两次印刷票都有;

8.光复纪念票内"邮"字下多一墨点,如图8,位于全张第43枚,第二次印刷时已去掉;

9.邮政纪念日之"邮"字第二画缺笔,如图9,位于全张第7枚,两次印刷票都有;

10.光复纪念票内"10"字之"1"脚缺去,如图10,位于全张第29枚,两次印刷票都有;

二、D 全张版暗记(附图28-8):

11.右上角白边破版,如图11,位于全张之第14枚,第二次印刷时已修正;

12.五十周年票内"局"字破版,如图12,位于全张第23枚,第二次印刷时已修正;

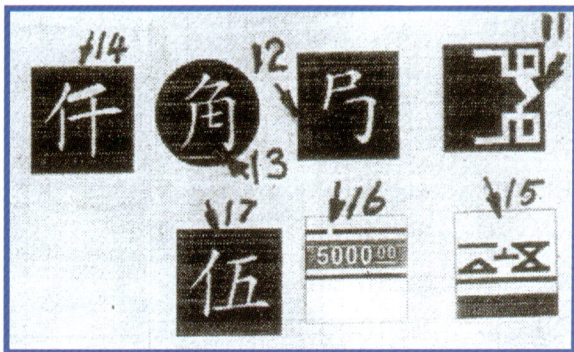

图28-8

13.光复纪念票面值"角"字破断,如图13,位于全张第12枚,第二次印刷时已修正;

14.面值"伍仟元"内之"仟"字破版变粗,如图14,位于全张

第 44 枚,第二次印刷时已修正;

15.五十周年票内"成立"上边一个"五十"破,如图 15,位于全张第 46 枚,第二次印刷时已修正;

16.左下角"5000"上方框白边被间断,如图 16,位于全张第 34 枚,第二次印刷时已修正;

17.第二次印刷(绿色)时"伍仟圆"中之"伍"字中横画断笔,如图 17,位于整版第 42 枚。

3 月 20 日发行邮展纪念票同时,设临时邮局,使用纪念邮戳(附图 28-7)。5 月 19 日在上海举行邮展时,也设临时邮局,销印纪念邮戳(附图 28-10)。

图28-9

图28-10

图28-11

应用实例:1948 年 5 月 20 日天津寄长春之国内航空挂号信(附图 28-11)。

二十九、国营招商局七十五周年纪念邮票

　　国营招商局,即轮船招商局。它是清末最早设立的、规模最大的轮船航运企业。1872 年(清同治十一年)由李鸿章招商集股创设。总局设在上海,分局设烟台、汉口、天津、福州、广州、香港、横滨、神户、吕宋(马尼拉)、新加坡等地。承运漕粮,兼揽商货,始终受帝国主义在华航运势力排挤。1877 年,以白银222 万两高价收买了美商旗昌轮船公司的全部泗船和设备,实力有所增强。中法战争后,盛宣怀奉命整顿,1885 年改为官督商办。1909 年(宣统元年),归邮传部管辖。1930 年国民党政府改为国营,1932 年划归交通部。抗日战争期间,总局先迁香港,后移重庆,抗战胜利后迁回上海。到 1947 年 11 月止,共有船460 艘,33 万余吨。招商局在中国近现代史上具有重要的影响和地位,它开创了中国近代民族航运业,并创办了中国第一家保险公司、第一家银行,修建了中国第一条铁路等等。

　　1947 年为该局成立七十五周年, 交通部饬令邮政总局印制纪念邮票一组,以资庆祝。由大东书局上海印刷厂以雕刻凹版印制,邮票图案由招商局提供,分直式与横式两种。

　　面值 20000 元(蓝色)与 30000 元(玫紫色)的为直式。主图案为"海天"轮大半部及一艘帆船,以显示运输船只今昔的对比,上端刊"国营招商局七十五周年纪念"十二字,再上刊"中华民国邮政",图案下方印 1872-1947,左右两下角为中文及阿拉伯数字面值 (附图29-1)。图幅纵 30 毫米、横 22.5毫米,齿孔 14 度;邮局全张为纵五横十之 50 枚式,印刷全张为 300 枚,分六格。厂铭"大东书局上海印刷厂印制"在海

图29-1

图29-2

天轮票上分别位于第 11、31 号票的左边及第 20、40 号票的右边（附图 29-2）；而江亚轮票上分别位于第 2、4 号票的上方及第 47、49 号票的下方（附图 29-3）。

图29-3

面值 40000 元（黄棕色）及 60000 元（桔红色）的为横式。主图案为正在航行中的"江亚轮"，上端刊"中华民国邮政"，右上角为中文面值；图案下部印"1872"、"1947"年份，下端刊"国营招商局七十五周年纪念"十二

图29-4

字，左下角为阿拉伯数字面值（附图 29-4）。图幅纵 22.5 毫米、横 30 毫米，齿孔 14 度；邮局全张为纵十横五之 50 枚式，印刷全张为 300 枚，分六格。

这套邮票图案设计匀称、印刷精美。江亚轮是当时招商局最大的客轮，载重 3000 余吨，可惜的是 1949 年春，在由上海到宁波的航程中，在吴淞口因返航中国战机弃弹误中引起爆炸而沉没，死难者 2000 余人，为当时一大惨案。新中国成立后把沉船打捞起来，整修一新，又投入长江航运之中。笔者于上世纪 60 年代初由上海赴汉口，所购船票恰巧是江亚轮，家人均以该船"不吉利"劝阻改乘其他船，但因公务紧急，还是坐了，登船后舱房整洁舒适，舱面宽广可览两岸景色，餐厅等服务也属上乘，因此顺便在此一叙。

这套邮票未发现暗记及变体。由于印刷周期太长，直到 1948 年 8 月 16 日才发行。

叙述至此，旧法币面值的各类邮票已告结束。1948 年 8 月 19 日，国民党政府宣布"币制改革"，以金圆券按 1：300 万的比率代替了旧法币，邮资及邮票也改按金圆券计算。由此又发行了大量的加盖普票，但纪念、特种、附捐邮票无加盖金圆券者。

1947 年 9 月 30 日邮政总局曾与大东书局签订航空邮票合同，订印邮票 1800 万枚，因故没有发行，因此用其中的三分之一（600 万枚）改印"国营招商局七十五周年纪念"邮票，每种票各印 150 万枚。

招商局的长江轮船及海运轮船设有轮船邮

图29-5

局。一般轮船邮戳为中英文字并用。而招商局轮船有一特殊邮戳，系袭用国民党党徽，内部仅有"国营招商局"五字（附图29-5），用橡皮章加盖，青莲色，可谓为轮船邮局中别开生面之戳记。

图29-6

应用实例：1948年9月4日重庆寄开封的国内航空信（附图29-6）。

三十、国际联邮会七十五周年纪念邮票

自 19 世纪中叶,世界各国文化与商业发展、国际交通往来大量增加,需要国际间邮政有紧密的联合。1874 年 10 月 9 日,瑞士邀请德国等 22 个国家在瑞士首都伯尔尼集会,共同签署了一项邮政公约,如规定普通信函重量、单位,确立资费划一原则等,便于国际间邮递手续;组成"邮政总联盟",并决定成立"邮政国际局",设在瑞士伯尔尼,作为常设办事机构。

1878 年 5 月,"邮政总联盟"在法国巴黎举行第二次代表大会,补充修订了"伯尔尼公约",定名为"万国邮政公约",并将"邮政总联盟"名称改为"万国邮政联盟"(UPU)。此次会议法国政府曾照会我国入会,但清政府因新式邮政尚未开办,未派人参加。万国邮联大会每五年举行一次,两次大会之间由"邮联执行理事会"及"邮联国际局"处理工作。"万国邮政联盟"的宗旨为:组织和改善各国邮政业务的国际合作,并在力所能及的范围内进行各种邮政技术援助活动。

清光绪二十二年(1896 年)2 月 7 日,光绪皇帝批准总理衙门《议办邮政奏折》和赫德所拟的《开办邮政章程》。3 月,总理衙门训令驻英公使照会瑞士执政衙门,表示我国拟加入万国邮联之意向。

光绪二十三年(1897 年)5 月 5 日,应美国政府之邀请,派驻美大臣伍廷芳代表我国参加在华盛顿举行之"万国邮联"第五次大会,伍氏在会上宣告我国邮政情况,及未能入会之缘由。

光绪三十二年(1906 年)4 月 7 日,万国邮联第六次大会于意大利罗马开会,清政府派驻意使领黄诰为观会大臣并派英籍副税务司赫德(主管邮政)随同赴会,并在会上报告我国邮政开展情况及成绩;各国均表同情,并希望中国早日扩张邮务,一致通过任由我国随时入会。

民国三年(1914 年)9 月 10 日,"万国邮联大会"拟于西班牙马德里举行

（后因第一次世界大战延至 1920 年举行）。此时我国邮政已相当发达，符合万国邮会章程，并能胜任邮会一切义务。因此 1914 年 2 月交通部照会瑞士政府，通告联邮各国，声明中国自 3 月 1 日起正式加入"万国邮政联盟"，9 月 1 日起执行邮会主要章程。并命中国驻西班牙公使戴传霖为与会正式代表，与邮政总办帛黎会同办理邮联事务。同年 5 月交通总长呈请加入万国邮政包裹公约，也自 9 月 1 日起实行。

　　参加"万国邮政联盟"，为中国政府撤消"客邮"，收回邮政主权创造了条件。所谓"客邮"，是指帝国主义列强侵犯中国主权在中国领土上开办的邮政。英国于 1842 年最先在香港设立英国邮局；同年 8 月"南京条约"签订后，又以香港为基地，陆续在各通商口岸开办邮局。之后，法、美、日、德、俄各国，借口"利益均沾"，竞相效法，先后在中国各地设立自己的邮局。这些外国邮局不仅收寄本国侨民信件，还收寄中国人交寄的国内外信件，各自行使其本国邮政章程，贴用其本国邮票或加盖票，公然侵犯中国邮政主权。甚至以邮政为掩护，从事鸦片、吗啡等毒品和珠宝的贩运和走私活动，到 1918 年第一次世界大战结束时，外国在中国设立邮局（包括野战邮局）达 344 处。1920 年 10 月 1 日，在西班牙马德里召开的第七次万国邮政联盟大会上，中国代表提出撤消客邮的要求。1921 年中国外交部正式照会美、英、法、日四国（德国在华客邮于第一次世界大战期间中国对德宣战后，自 1917 年 4 月 25 日全部撤消；俄国在华客邮于 1920 年 11 月全部撤消），要求撤消在华客邮；同年在华盛顿召开的太平洋会议上，中国代表宣读了中国要求撤消客邮的宣言，遭到大会主席美国的阻挠。经过反复交涉，于 1922 年 1 月的太平洋会议上，最终通过了撤消在华客邮的议案，限于 1923 年 1 月 1 日前完成。但日本在南满铁路沿线及旅大地区的客邮一直保留到 1945 年抗日战争胜利；而英国在中国西藏地区的客邮于 1955 年才由印度政府交还中国。

　　1949 年为万国邮联成立七十五周年，世界各国都发行纪念邮票，邮政总局为此特发行纪念邮票一种（无齿、桔红色、无胶），邮票图案为"国际邮联徽记（图案是五个不同种族、不同服饰的女信使环绕地球飞翔、传递邮件，表现了五大洲人民互通信息的主题）与飞鸽"，右侧竖印"国际联邮会七十五周年纪念"

文字,左下侧印"中华邮政"(不印"中华民国邮政"这是个值得注意的特点),下面为英文"UNION POSTALE UNIVERSELLE",两侧为年份"1874"及"1949"。由上海大东书局雕刻版印制邮票但未印面值,广州市南京印务局以黑字加印面值壹圆(银元)于下部及阿拉伯数字 1.00 于左上角(附图 30-1)。图幅竖 23 毫米、横 30 毫米,为纵十横五之 50 枚邮局全张。厂铭为"大东书局上海印刷厂印刷"分别位于第 2、4 号票之上方及第 47、49 号票之下方(附图 30-1、30-2、30-3)。

图30-1

图30-2

图30-3

本票于 1949 年 8 月 1 日发行,当时国内平信邮资为银元 5 分;而十年前的 1939 年 8 月 1 日,国内平信邮资为法币 5 分。这十年中 1948 年 8 月 19 日法币改金圆券,比率为 1:3,000,000;而过了半年多时间,1949 年 4 月 25 日,湖南邮区拒用金圆券,率先采用银元,比率为 1:100,000。十年时间,同样国内平信邮资,法币5分变成银元5分,相差3,000,000×100,000=3000亿倍这样一个天文数字,可见国民政府末期经济崩溃、通货恶性膨胀之剧烈。

本票无暗记及变体,但有漏加盖之原票,并有加盖"壹"字缺最后半划之趣味票。

1948年7月,"万国邮政联盟"成为联合国负责国际邮政事务的专门机构。1972年4月13日,万国邮联恢复了我国的合法席位。1974年5月,我国被选为"万国邮联的执行理事"和"邮政研究咨询理事会"的理事国。

图30-4

万国邮联国际局还负责会员国之间的邮票交换:每个会员国每年要把发行的全部邮票提供每个会员国3份,统一寄送国际局,由国际局分寄各会员国,每国可得到各国发行的3份邮票。另加1份,送国际局永久保存。中国每年交换来的各国邮票有1万余种,由中国邮票博物馆收藏(UPU专集)。

应用实例:1949年8月1日(发行首日)由广州寄新西兰之国际航空信,其上所贴邮票即加盖"壹"字缺最后半划之趣味票(附图30-4)。

特 种 邮 票

三十一、节约建国特种邮票

抗日战争期间,上海、南京陷入敌手后,1937 年 11 月 20 日,国民政府宣告迁都重庆。日本侵略者对中国资源进行破坏性的开发并进行经济掠夺,生产力严重衰败,经济极为困难。

1938 年 7 月,国民政府召开临时全国代表大会,制定《抗战建国纲领》,集中全国力量,进行长期抗战。其中有关经济建设条款的提法是:"以军事为中心,同时注意改善人民生活,全力发展农村经济,树立重工业的基础,鼓励轻工业的经营,推行战时税利"。

1939 年 9 月 12 日,国民政府公布《节约建国储蓄条例》,由于邮政机构具有普遍便民的特点,规定由"邮政储金汇业局"承担创办《节约建国储蓄券》(附图 31-1),10 月 10 日起, 由重庆储汇分局及东川邮政管理局开始发售;并于 1939 年 10 月起,各地邮局在进局邮件上加盖宣传邮戳:"请购节约建国储蓄券,既助国家,又利自己"。(附图 31-2)

 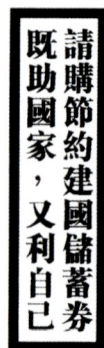

图31-1 图31-2

邮政广泛的号召力受到国民政府的重视,将邮政储金汇业局纳入总揽全国金融的"四联总处"内(中央银行、中国银行、交通银行、农民银行及中央信托局、邮政储金汇业局,合成"四行二局)。四联总处是当时大后方制定金融方针和战时经济政策的枢要机构。自1940年4月23日起,邮汇局局长兼任四联总处金融委员会委员,邮政在国家金融运作上受到重视。节约建国储金总额在发行一年之内即突破1亿元,到1943年达到20亿元,1945年增至160亿元,一直办理到1948年。

1940年,抗战局势日见好转,人民对抗战必胜更增添了信心,为了加强推行经济建设,宣传推广"节约建国",邮政总局于1940年7月确定发行一套节约建国邮票。正值1940年9月20日调整国内及国际邮资,故邮票种类定为六种"贴用最广之邮票"。详见下表31-1。

表31-1

面值	刷色	订印数量	用途
8分	绿	2000万枚	国内平信
2角1分	红棕	400万枚	国内单挂号
2角8分	橄绿	200万枚	国内挂快
3角3分	红	200万枚	国内航空
5角	蓝	100万枚	国际平信
1元	紫	100万枚	国际挂号

邮票图案为发展交通农工矿业图,以林立的工厂、繁密的农田、丰富的矿产和便利的交通为图案(附图31-3),象征国民政府抗战建国纲领中,有关计划经济、奖励投资,开垦荒地、疏通水利,开发矿业、树立工业基础,增筑铁路、发展航空、举办水陆空联运等内容,宣传统一思想,集中力量,以完成抗战建国大业。图幅竖22.5毫米,横42毫米,全张为纵十横十之100

图31-3

枚式,齿孔 12.5 度,有背胶,系我国首次发行的特种邮票。由香港中华书局以雕刻凹版印制,中文版铭三组印在上端 1#、2#、5#、6#、9#、10# 票上面为"中华书局股份有限公司雕刻印刷"14 字(附图 31-4、31-5)。英文版铭三组在下端 91#、92#、95#、96#、99#、100# 票 下 面, 为 "ENGRAVED & PRINTED BY CHUNG HWA BOOK CO.LTD"(附图 31-6、31-7)。

图31-4

图31-5

图31-6

图31-7

为引起集邮者兴趣,另将全套 6 种面值邮票,以原色印成小全张,张幅纵 167 毫米,横 156 毫米,上端印仿宋体"节约建国"四字,下端印"中华民国三十年六月",不打齿孔,不刷背胶,亦为我国第一次发行的小全张(附图 31-8)当时认为发行小全张对邮政部门的好处是："购者什袭珍藏，收而不用，出售之后为邮局之纯益"。

笔者还收藏有节约建国小全张样张（附图31-9），与正式发行之小全张差异之处很多：

1."节约建国"四字比正式发行者为小。

2.下边分印三行文字，第一行为"中华民国 ___年__月"，第二行为"交通部邮政总局发行"；第三行用较小的中英文字印"中华书局有限公司印刷"和"PRINTED BY CHUNG HWA BOOK CO.LTD"，与正式发行的仅印"中华民国三十年六月"（红字）不同，而样张印的是蓝字。

3.排列程序不同。

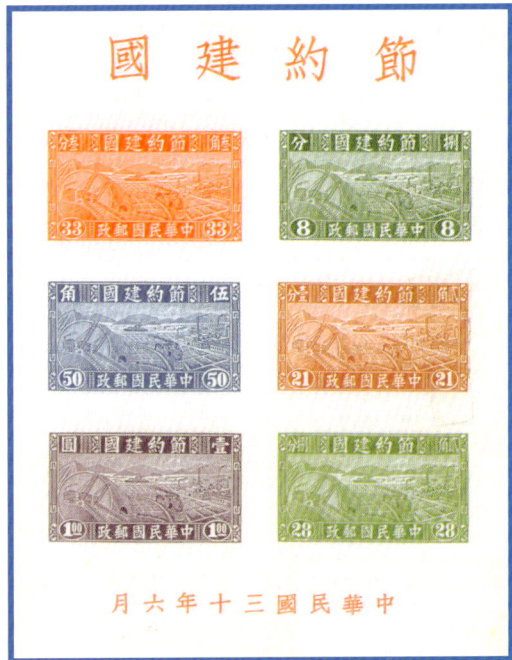

图31-8

样张		正式发行小版张	
21分	8分	33分	8分
33分	28分	50分	21分
1元	50分	1元	28分

4.样张有齿孔，6张票排列在一起；正式发行小全张为无齿，票与票之间有空距（竖向为9毫米，二行中间为8毫米）。

图31-9

5.整张尺寸：样张为116×167毫米，而正式小全张为156×167毫米。平心而论，样张比正式发行的小全张要高明得多，不知何故未能采用。

据说香港沦陷之后，日本军队劫夺中华、大东、商务三书局所印尚未及交货的邮票时，曾有极少量的上述节约建国小全张样张流出。

1942年2月28日，上海俄侨邮票会举办邮票展览，以"节约建国"小全张5000张，自行加印中文、俄文和法文的"旅华俄国邮票会邮票展览纪念"及"一九四二·二·二八上海"的纪念文字，在会场以10元价格出售，所得的利润作为这次邮展开支。近年来国内拍卖目录常见这种纪念张出现，但这不属于邮局发行之正式邮品。

图31-10

"节约建国"邮票有"限新省贴用"加盖票。这次加盖的原因与抗战前的加盖原因相反，以前是新疆币值低，防止邮票内运。而自1937年抗战开始，内地物价上涨，由于新疆远离内地，尚能保持平稳，因此当地币值，反而高于内地。根据1942年11月11日，国民政府财政部长张嘉璈令："按照财政部11月2日代电……法币与新省币的汇换率为5：1"，即1元新省币可换法币5元，为防止内地邮票流入新疆获利，因此加盖"限新省贴用"。共分三批加盖：

1.1942年11月30日，木戳加盖红字五枚，面值为2角1分、2角8分、3角3分、5角、1元，同时以红字加盖小全张（附图31-10）。

2.1944年5月25日，木戳加盖黑字三枚，为21分、5角、1元（附图31-11），同时以黑字加盖小全张。（附图31-12）。

图31-11

图31-12

3.1944年9月,以铜戳加盖黑字二枚,为8分、33分(附图31-13)。笔者收藏有1942年7月12日加盖"限新省贴用"前自迪化寄山西汾阳的一封平信,即贴用"节约建国"8分未加盖票。近年又拍卖到林崧先生收藏的1944年1月13日的迪化寄桂林航空快信一封,贴有自红字加盖小全张剪下的全套六枚无齿票及三枚有齿红字加盖票。这种封存世极少,有幸获得,殊属不易。

图31-13

加盖票数量极少,据已故"限新省贴用"邮票专家党恩来先生生前撰文,说黑字木戳"限新省贴用"各票,系1944年5月25日使用的,"当用小型木戳开始加盖时,库存'节约建国'原票仅21分、5角、1元及小全张四种"。"惟出乎意料之外的是此票库存极少,单枚票中的5角票,局经办人估计约有数百枚,局方乃限量出售,购存者每人不得超过15枚。小全张只有20余张,每人限购1张。笔者(党恩来）闻讯,立即会同王霭云先生晋见管理局沈局长,承沈局长特准每人购买小全张 1 张,其他同好多半未及购得。因票张极少,不到一两天功夫,便全部售罄"。

笔者在编组"中华邮政纪特邮票"邮集时,曾在某通信拍卖目录上见到一张"节约建国"加盖黑字"限新省贴用"小全张,犹豫再三,请教著名集邮家杨耀增先生,杨先生仔细观察附图后,终于找出破绽,告我不要购买。

后来笔者的一位好友转让给我"限新省贴用"加盖黑字、红字的小全张,到北京出差时,专程去天津请杨老鉴别,杨老仔细观察后,断定为真品。但对我在另一处拍卖到的一张红字木戳倒盖邮票,杨老审后认为是伪造品,叫我千万别在邮集中使用。

那次杨老给我仔细讲了如何判别真伪的知识。从"新"字入手,伪品的"新"字非常正规,其左边偏旁"亲"字上半部"立"字部首一点一横两点又一横,写得是规规矩矩、整整齐齐,非常匀称;下半部"木"字部首的一竖,则正在"立"两点中间连接。其实完全错了。

真票的"新"字,"立"的第一点,并不在中间,而在第二划的偏右处;而"立"之左点,与"木"的一竖连在一条线。按说这种排列不大整齐,但真票的木戳就是这样排列的。

杨耀增先生给我上了难忘的一课,不但学到了辨别真伪的知识,更钦佩他正直的品格、渊博的邮识。杨先生对混迹于邮市上的假邮品深恶痛绝,奋笔疾书,予以无情揭露和鞭挞,维护了我国邮票的声誉和集邮者的正当利益。

杨老已经仙逝,但至今阅读"邮坛闻见录",他慈祥的笑容和谆谆教诲仍在脑海中留下难忘的印象。

应用实例:一为 1942 年 7 月 12 日(加盖前)迪化经西京到汾阳(附图 31-14)(当时汾阳为日占区,此信到汾阳为 12 月 10 日)。二为 1944 年 1 月 13 日迪化寄桂林的国内航空快递信(林崧先生遗集)(附图 31-15)。

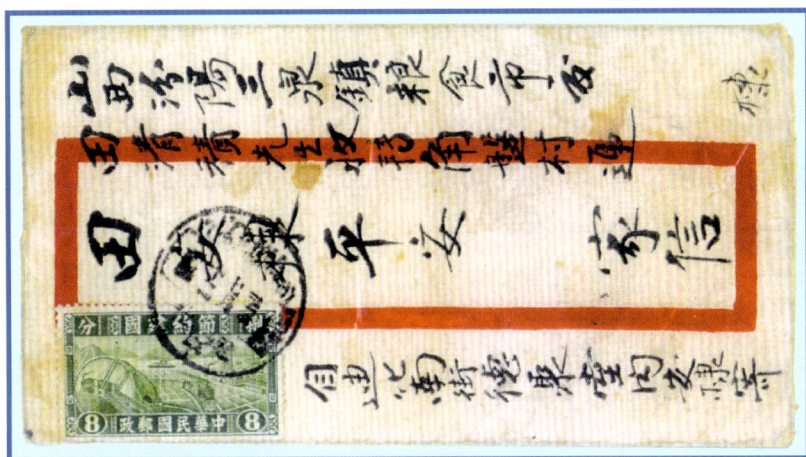

图31-14

图31-15

三十二、行动邮局及邮亭

日本侵略中国,对中华邮政造成严重破坏,邮政业务跌入低谷。抗战胜利后,为改变这种状况,时任交通部长的俞大维号召中华邮政从 1946 年底开展"改良邮政"运动,要求邮政实现"快、安全、普遍与服务"四大目标。例如:全面实施快速的航空邮运,所有飞机必须载运邮件才准起飞。当时确定了"两个第一"的原则,即"邮件运输,航空第一;航空运输,邮件第一"。如果飞机客满了,宁可少拉一位旅客,也要尽先让邮件先行。这样邮程速度加快,人人称便。

1947 年 3 月 1 日,江苏邮政管理局在南京率先创办了第一、第二汽车邮局(后改称汽车行动邮局),可以办理各种邮政业务,并设有收寄平信和平快的信箱。汽车邮局按固定路线时行驶在各学校、工厂、机关等人员较多之处,站点立标牌,标明停车时间,以便公众按时寄交邮件。这一办法很快就推广到上海、北平、杭州、成都。接着汉口、西京(西安)、重庆、天津、广州、贵阳等地也设立了汽车行动邮局。汽车行动邮局也有编号(附图 32-1)。

1948 年又在一些没有邮局的繁要地区,特别是火

图32-1　　　　　　　　　　图32-2

车站、轮船码头、飞机场等处,建立了新式邮亭。邮亭办理出售邮票,收寄各类信函、印刷品等简单邮政业务。邮亭名称以其所在地名而定,内部编号(附图 32-2),以示区别。

这次改良运动,收到一定效果,服务有所改进,博得社会好评。邮政总局为纪念事业之发展及广做有效之宣传,决定发行一套"行动邮局及邮亭"邮票,共 4 种。邮政总局于 1947 年 5 月 14 日训令:邮票用凹版精印,选用上等纸张、

油墨,背面上胶衬垫蜡纸,打孔必须均匀。

图32-3

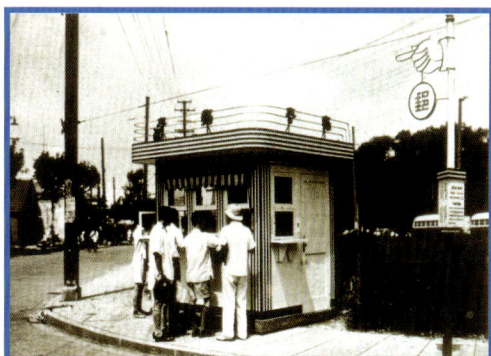

图32-4

要求"速向上海及北平各著名印刷厂家就上述条件用有限制办法招标承印,但对雕刻精细、印刷精良、工作切实、出票速者方准交其承办"。供应处招标后,选定中央印制厂北平厂承担印务。

汽车行动邮局图案以第一辆汽车行动邮局停靠在南京行政院门口摄影为主图案(附图 32-3),上刊"中华民国邮政",左右两下角分别印中文及阿拉伯数字面值。

邮亭邮票则以上海中山公园门侧民众在邮亭购票寄信时摄影为图案(附图 32-4),上刊"中华民国邮政",左下角直列中文面值,右下角横列阿拉伯数字面值。

图32-5

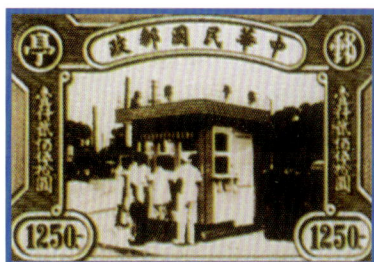

图32-6

中央印制厂北平厂对照片分别修正,各设计甲、乙两种图案(附图 32-5、图32-6)呈送审查。审查结果以甲种较佳,并指示略作修正:①邮亭右侧树木一片黑影,刻模时应使浓淡相宜;中文面值移左边成直行,将电杆除去;阿拉伯数字应将面值 1250 书为 1250₀₀,并略为放大,地位在右下角不变。②图案右上角手形指示及其圆柱线条，应略加粗，以资明显。

厂方按指示修正后，雕刻印模，并将印模样张送请邮政总局核定，然后翻制大版，于 10 月 15 日开印（附图 32-7）。即由供应处驻北平印票监视员验收，分发全国各邮区，自 11 月 5 日起发售。图幅汽车行动邮局为纵 21.5 毫米、横 33.5 毫米，而邮亭为纵 21.5 毫米，横 32.5 毫米；有背胶，齿孔 14 度。邮局整版为纵十横五之 50 枚式，印刷全版为 100 枚，分两格。

图32-7

面值、刷色、发行数量、用途见表 32-1：

表 32-1

名称	面值(元)	刷色	发行数量(万枚)	用途
行动邮局	500	红	400	国内平信
邮亭	1000	紫	200	国内航空
邮亭	1250	绿	200	国内挂号
行动邮局	1800	蓝	200	国内挂快

"行动邮局及邮亭"邮票拟发行"限台湾贴用""和限东北贴用"，均已制出样张，但根据邮政总局 1947 年 7 月 19 日呈交通部文，因台湾地方台币与国币折合率频繁变动等原因，呈请核准不再单独印行。

"行动邮局及邮亭"邮票厂铭仅一个，列于全版下边之中部 48 号票下方，文为"中央印制厂北平厂"（附图 32-8、32-9）。此套邮票发现有票幅不同大小者，原因是纸张伸缩造成。

图32-8

据《近代邮刊》三卷一期钟笑炉先生于"近代国邮丛谈"中指出：邮亭票图案中，设有中西文字之暗记颇多，并以距边线距离画出图形，笔者按图索骥，于邮亭票上按钟先生所指位置找出 10 处暗记（1000 元及 1250 元票上均有）。今将钟先生指出原图（附图 32-10），使用时以第一图"P"为例，向上箭头即指 P 字暗记距离最内之上边 8 毫米，向右箭头即指 P 字暗记距离最内右边线 2.75 毫米。钟先生文中又指出"汽车行动邮局票之暗记，似嵌于汽车背后之树叶间，而汽车底下之阴影也似有二行阴文的西文，可惜手头所有的票印刷比较模糊，无法看出，只好留待以后再说了"。前辈邮学家细致入微的研究，认真负责的工作，实事求是的态度，实在是值得我们学习的，也为我们研究邮票指出了方向和道路。

图32-9

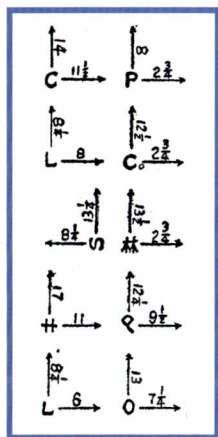

图32-10

后记：本文写完后，在《甲戌邮刊》第二卷第六期（1935 年 6 月 1 日）见到闫东魁先生"南京邮亭创递记详"一文，得知抗战前苏皖邮政管理局为便利公众，发展业务，特于南京五洲公园（现玄武公园）及颐和路，创设"邮亭"二处，于 1935 年（民国二十四年）4 月 12 日开始营业。

五洲公园邮亭设在园中最繁盛之美洲。

颐和路邮亭原拟设在山西路"国立编译馆"；颐和路在山西路之西侧，为南京市新开辟之新住宅区，要人名流、富商巨贾，多购新住宅于此。

每一邮亭设邮务员一人，专办普通、挂号、航空及印刷品各种邮件，不汇兑，不寄包裹，不投递。由邻近邮局派邮差接送邮件。

其使用之邮戳，仍沿用普通圆式点线戳；仅于上格"南京"二字中间，分镌"亭一"、"亭二"字样（附图32-11）。并另于邮件之上加盖长方形木戳，以示与普通邮局有别。挂号另有专用戳（附图32-12）。

图32-11

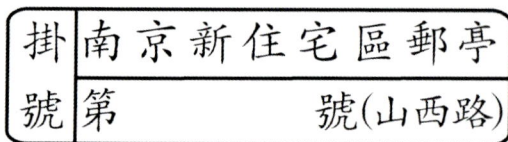

图32-12

据闫先生文中介绍，昔日青岛、哈尔滨两地，亦曾设邮亭，惟为时不久，旋即停办，且系外人所办；国营者，则南京属首例也。故特为之补记。

应用实例：1947年11月6日（发行次日）济南寄北平之国内航空挂号信（附图32-13）。

图32-13

三十三、北平风景图银元邮票

中华邮政自 1912 年到 1946 年的 34 年中，没有发行过一套以风景、名胜、古迹为主图的邮票。

1946 年 5 月 5 日，国民政府还都南京。邮政总局早已筹备发行还都纪念邮票。当设计图案时，1945 年 12 月，集邮家汪从周先生就致函交通部建议，还都纪念应用多种风景名胜图案，邮电司认为该建议"颇有见地"，邮政总局也表示赞同，拟采纳照办，随即于 12 月 17 日令江苏邮政管理局立即着手收集国民政府、中山陵、五洲公园、北极阁、新街口广场、挹江门城楼、燕子矶、灵谷寺等地照片。最后还都纪念邮票以中山陵作为主图，其余没有选中的风景照片，都留作以后发行风景邮票之用。

1947 年 10 月，邮政总局成立了"邮票图案审查委员会"。委员会召开的第一次会议即把发行风景邮票列入讨论议题，讨论的内容有三项：一是北平的风景邮票图案如何选择？二是南京的风景邮票图案如何选择？三是西湖的风景邮票图案如何选择？会议初步议定北平用颐和园、北海、玉泉山和天坛照片为图案；南京采用阵亡将士纪念塔及燕子矶为图案；西湖待找到好照片后，再进行选择。

1948 年 8 月 25 日，委员会又召开会议，决定先发行北平风景邮票，并采用颐和园万寿山、长春桥、石舫和铜牛四处景点作为邮票图案。1948 年 10 月 14 日，委员会最终审查讨论通过了北京颐和园的佛香阁和铜牛两张摄影照片作为邮票图案。

佛香阁在万寿山前山，八面三层四重檐，高 41 米，下有 20 米高的石台基，气势宏伟，是颐和园的标志建筑。以佛香阁为中心，组成前山巨大的主体建筑群；自排云门、排云殿、佛香阁至山顶的智慧海，组成了颐和园的中轴线。东侧有转轮藏和"万寿山昆明湖"石碑，西侧有五方阁和铜铸的宝云阁。登临佛香阁,可以俯瞰昆明湖的景色,登佛香阁四周游廊,可以饱览园内外风光。邮票(附图33-1)下端刊"中华民国邮政"篆体字,左侧中印"北平颐和园"楷体字,因当时经济形势(货币贬值太快),未印面值。由大东书局上海印刷厂雕刻版印刷,点线齿,主图刷淡棕色,加盖邮资为绿色。图幅纵29毫米、横22毫米,邮局版张为纵五横十之50枚式,印刷全张为两个版张,有过桥隔开,佛香阁票且为过桥两面版张图案对倒。厂铭"大东书局上海印刷厂印制"分别位于第11、31号票的左边及第20、40号票的右边(附图33-3)。

图33-1

图33-2

图33-3

铜牛邮票(附图33-2)图案以卧姿横卧于一块刻有海浪纹的青白石座上,四周有汉白玉围栏,铜牛为卧牛,在昆明湖东岸17孔桥畔,牛头右歪眼光偏向全园之中心佛香阁。神态深沉,宁静而机警,铜牛铸于清乾隆二十年(1755年),目的为镇压永定河之水患,牛背上铸有乾隆篆书"金牛铭"80字。铜牛长1.75米、体宽0.84米、高1.14米,大小与真牛相仿,为我国青铜铸件中之大件,用失蜡铸造法铸造,造型生动

图33-4

逼真,栩栩如生,字迹清晰。青铜为铜锡合金,有极高的抗腐蚀性,于露天置放数百年而不锈蚀;通体光滑如新,乌黑发亮,在阳光下闪闪出现金光。邮票图案下端刊"中华民国邮政"篆体字,左上角刊"北平颐和园"楷体字。主图刷淡

绿色,加盖邮资为红色。图幅纵23毫米、横30毫米,邮局版张为纵十横五之50枚式,印刷全张为两版,中间有过桥相隔。厂铭分别位于第2、4号票的上边及第47、49号票的下方(附图33-4)。

此票在大东书局上海印刷厂印好时,上海已处于解放军包围之中,邮政总局设法将邮票运到广州,再由广州南京印务局加印面值并打点线齿。

南京印务局以铅字排版,在"佛香阁"票上加盖绿色"邮资壹角五分"(银元)及"15"字样,在"铜牛"票上加盖红色"邮资肆角"及"40"字样。

1949年7月14日"北平风景图银元邮票"发行。此时局势已很混乱,因此点线齿有双重打的,加盖面值偏歪颇多,且有双重及三重加盖的;"角"字也有两种变体。特别是在"铜牛"票中发现一枚"邮肆资角"的变异票(附图33-5),位置在全张第19枚,虽经邮政总局下令挖去此变异票,不对外发售,但仍有少数流出。

图33-5

图33-6

应用实例:1949年10月8日广州寄美国之国际航空信(附图33-6)。

附捐邮票

三十四、加盖"附收赈捐"邮票

加盖"附加赈捐"邮票,于1920年12月1日发行,由北平财政部印刷厂于北京一版帆船邮票上加盖,全套3枚。因原票底色不同,所以2分改1分邮资、6分改5分邮资票

图34-1

用红字加盖,4分改3分邮资为蓝字加盖(附图34-1)。1分、3分、5分为当时明信片、平信、挂号的邮资,附收赈捐1分;仍按2分、4分、6分出售。共加盖1670万枚,可得赈灾款16.7万元,由邮政总局交予赈济机关,供赈济灾民之用。

对这套"附收赈捐"邮票,许多集邮家都认为是"1919年夏秋黄河大水灾,河堤多次决口,洪水泛滥,冀、鲁、豫三省大片地区尽成泽园,灾民遍野……","邮局为救济灾民并向各方宣传起见,特发行附收赈捐邮票一组"。多年来这一说法已为众所"公认"。但是为什么一套三张救灾急用的"附收赈捐"加盖票拖了一年多才发行,始终是个疑问。

经查考史实:黄河1919年有水灾,但不是很大。在黄河水利委员会编的《民国黄河大事记》(黄河水利出版社2004年1月出版)中记载:"1919年伏汛间,山东寿张县梁集、影堂黄河民埝决口,当年堵合。秋汛间,郓城县香王西民埝决口,次年堵合"。所谓"民埝",是指黄河大堤之外,在低洼处由民间(地方)自行修建的"围堵",其影响区域较小。寿张、郓城两县均在山东省西南部,黄河以南,东平湖以西低洼地区,新中国成立后治理黄河时,将东平湖及周围洼

地设定为"东平湖分洪区"（附图34-2）。因此1919年夏秋两次民埝决口只影响鲁西南局部低洼地区，不会影响河北，对河南也最多只是东北角局部地区稍受影响。而1920年"直、鲁、豫、晋、陕大旱"灾情极为严重。

1919年黄河水灾示意图

图34-2

黄河流域是中华文明的发祥地。5000年来，从三皇五帝到尧舜禹、夏商周、秦汉晋、隋唐宋、元明清，历朝历代都离不开黄河流域。黄河养育了我们，但是黄河流域的生态环境也受到了严重的破坏。黄河上游（内蒙河口镇以上）流经高原峡谷，水质较清。黄河中游黄土高原，山西、陕西、蒙西（鄂尔多斯）直到河南、河北、山东，现在都发现了丰富的煤炭资源。这说明远古以来，这一带都是大森林，大量的树林经过几亿年形成了几千亿吨的煤炭矿藏。现在这个地区生产的煤炭占我国煤炭产量一半以上，是我国主要煤炭供应省。

5000年来，人们砍伐森林用木材建设，元朝在北京建大都，明成祖在北京建故宫，都是用山西的木材建设的；建于公元1056年（辽道宗清宁二年）的山西应县释迦塔，塔身高67.13米，底层直径30米，全部用木料建筑，所用巨木都是当地"黄花果"的大林木。人民生活也大量用木材。再加上"毁林开荒"，才发展到十年九旱的地步。

《民国黄河大事记》对1920年"直鲁豫晋陕大旱"作了详细记载："直隶、山东、河南、山西、陕西五省，因雨泽稀少，亢旱成灾，严重之区，甚至赤地千里。直隶自春至秋亢旱，9月始得雨；黄河流域山西境内5-7月大旱，8月得雨，秋无禾；陕西春季雨泽稀少，入夏数月无雨；豫6-7月大旱，豫东全年大旱。五省灾情严重县达317个，灾民2000万人，死亡50余万人"。1920年9月11日，北洋政府令内务、财政两部会同有关各省长官，迅速筹款赈济。次年1月1日，北洋政府财政部又拨款6万元，赈济五省灾民。

面临大灾，社会各界都动员起来赈灾，著名作家冰心女士在《旱灾纪念日募捐纪事》一文中讲述了1920年12月18日北京举行"旱灾纪念日"的募捐活动。

中国第二历史档案馆编纂的《中国第二历史档案馆馆藏邮票邮品精选》（米士龙、马振犊主编，中国档案出版社出版）上部第60页。

邮政总局关于邮资附加赈捐之通谕首页

一九二〇年十一月

邮政总局通谕 第一百八十四号

谕知某项邮务之资费内附加赈捐由

为通谕事查今夏华北亢旱成灾为协助赈款起见政府决定就各铁路之客票货票及电报费并部辖之电话以及某项邮务之资费内附收赈捐所有关于邮局增出之款另款存储专为赈灾之款如左（原文为竖排）。

甲.所有就地投送及各局互寄之邮件其挂号费自民国九年十二月一日起至民国十年十一月三十日止共计一年均由五分增为六分。

乙.所有国内汇兑资费自民国九年十二月一日起至民国十年十一月三十日止共计一年均按照原费之率加收百分之一之半其国际汇兑之国内资费亦归此例。

丙.所有二分四分及六分之邮票分别加印一分三分及五分并加印附收赈捐等字样者自民国九年十二月一日发行。

（以上为"首页"所载）

虽然仅见首页没有见到全文，但可以明确：

（1）"附加赈捐邮票"之发行原因是因为"华北亢旱成灾"；

（2）从1920年11月邮政总局通谕到12月1日赈捐邮票发行，在一个月的时间内用已有之邮票加盖是合乎情理的；

（3）除"附加赈捐邮票"加盖1670万枚，可得赈灾款16.7万元外，尚有邮局之汇兑、挂号等资费及交通部铁路客票、货票及电报费、电话等，赈灾款总额就相当可观了。

图34-3

应用实例：1921年5月17日福州经上海寄美国之国际平信（附图34-3）。

本附捐邮票是在北京一版帆船邮票上加盖"附收赈捐壹分"，北京一版帆船邮票北京财政部印刷的，全张枚数纵十横十计100枚，厂铭为英文大写字体"CHINESE BUREAU OF ENGRAVING AND PRINTING"，分别位于第5、6号票之上方及95、96号票之下方（附图34-4、34-5）。

图34-4

图34-5

三十五、"赈济难民"附捐邮票

抗战开始以后,日军大举入侵,各地避难人民,流离失所,处境困难。1938年,国际劳工大会王志圣等提出发行"赈济难民"附捐邮票的建议,其目的主要在于以附加费赈济难民。但是邮政总局在 1938 年 4 月 15 日给交通部报告中提出:"目前各项票纸,均感缺乏,中华书局方面虽在赶印,而商务印书馆尚未订就,如发行加资邮票,则须雕模刻版,颇费时日。"表露出发行该项附捐邮票有困难。

1938 年 12 月 5 日,邮政总局拿出一个"赈济"邮票办法大纲,图案拟请中华邮政驻香港副邮务长英国人罗特与在港艺术家开展讨论,以有救济意义者报来审核。经过反复审稿及悬偿征稿(选用者致酬 200 元,如不采用也致酬50 元),直到 1939 年 7 月 1 日,中央大学艺术系主任吕斯百教授绘制的"灾黎图"(男家长率领眷属老幼 5 人,离乡出亡的悲惨情景),经交通部核准,邮政总局通知供应处从速进行招商印制。

需要说明的是:抗战开始后,华北、华东、华中、华南等地相继沦陷,中华邮政为在沦陷区内维持邮政体系,任用外国人主持沦陷区邮政,如上海邮政管理局长法国人乍配林为"沪苏浙皖联区总视察",北平邮政管理局长意大利人巴立地为"平晋豫西联区总视察",河北邮政管理局长意大利人克立德为"冀鲁豫东联区总视察",英国人施密司在汉口、英国人睦朗在广州,主持当地邮务;英国人慕雷、罗特在香港主持对外邮务工作,法国人儒福立在越南海防主持"邮件转运处"。在太平洋战争爆发之前,日本对欧美列强尚有顾虑,而外国人也可利用本国驻华使馆人员与日方交涉,维持了中华邮政在沦陷区的运营。

供应处复电,根据驻港副邮务长罗特电报:"国内印制厂家均无力承制,势须在国外印制(指美国钞票公司)"。该票图案务求精美,以吸引国内外集邮家购买,利于销售。

该票主图为一家老幼离家逃亡的"灾黎图"(试色样票见图35-1)全组6枚,每枚的边框花纹均不相同。上端横印阴文"中华民国邮政"字样,左右两侧竖印"赈济难民"、"附捐邮票"字样,下端印中文及阿拉伯数字面值加附加值。图幅为纵28.5毫米、横38.5毫米,全长为纵十横十计100枚。

图35-1

1940年9月20日,邮资调整,根据调整后邮资确定之面值,附加费、刷色、订印数量及用途见表35-1:

表 35-1

面值	附加费	刷色	订印数量	用途
8分	8分	绿	500000 枚	国内平信
21分	21分	红棕	100000 枚	国内挂号
28分	28分	橄绿	100000 枚	国内挂快
33分	33分	桔红	100000 枚	国内航空
50分	50分	兰	100000 枚	国际平信
1元	1元	紫	100000 枚	国际挂号

另印小全张一种,上印全组6张票,按面值高低自右向左排列,分上下两行(附图35-2),上书"共拯饥溺"四字,左右竖印"交通部邮政总局发行"、"中华民国三十年"字样。小全张票幅为192×110毫米。小全张订印数为20万张。

图35-2

第一次样张由美国寄来,由于昆明至重庆飞机失事而遗失。第二次样张收到后,经邮政总局详细审查,对图案中人物之大小、文字之排列,均提出修改意见以及印刷技术问题,经与美国钞票公司来往函电商量多次,费时甚久,然后付印。美国钞票公司制版编号第一次为 F10993。

这一拖就拖到了太平洋战争(1941 年 12 月 8 日)爆发前才印发,而海运过程受到太平洋战争影响,大部分损失,再次重印,耽误了发行时间。

全部邮票于 1941 年 10 月印完,分作两批,装船运华。第一批计邮票 100 万枚,小全张 30000 张,共装 11 箱,于 10 月 12 日交由"格兰特总统号"(President Grant)轮船,自纽约运赴香港。第二批小全张 170000 张,共装 6 箱,于 12 月 12 日交由"爱克塞勒号"(Exceller)轮船,自纽约运赴仰光。因太平洋战争爆发,海运情况突变。第一批 11 箱中,8 箱内装邮票 80 万枚,计 8 分+10 分者 40 万枚,21 分+21 分,28 分+28 分,33 分+33 分,50 分+50 分者各 10 万枚,改卸在澳大利亚悉尼港;其余 3 箱装 8 分+8 分者 10 万枚,1 元+1 元者 10 万枚及小全张 3 万张,则卸在菲律宾马尼拉市。卸在悉尼的 8 箱,于 1942 年 4 月底交南京轮运往印度加尔各答,在海运途中被日军炸沉;卸在马尼拉的 3 箱,因菲律宾沦陷,不及运出,也全部被毁,1947 年左右,从日本流到国内少量的不加盖原票(附图 35-3),价格极高,后来弄清系"南京"轮被日军炸沉后,被日本部队捞获一部分作为战利品运到东京去的,但只有五种面值,缺少 1 元+1 元的,配不成套,原因何在?1 元+1 元的 10 万张运到菲律宾马尼拉全部被毁了;另外五种由"南京"轮运往加尔各答途中被日军炸沉后,捞获部分作为"战利品",有些流回中国。

图35-3

第二批发运的 6 箱,改卸在加尔各答,于 1942 年 9 月 16 日空运到昆明,转重庆存储。但 100 万枚邮票已全部损失,只能于 1942 年 12 月 19 日,再向美国钞票公司订印 100 万枚（这次重印编号为 F11430）。但印数改为 5 角+5 角的改印 50 万枚(因当时国内平信已调升为 5 角),其余五种各印 10 万枚,回国后再加印改值。图 35-4 所示为 8 分+8 分整版打孔加印红色 SPECIMEN 的

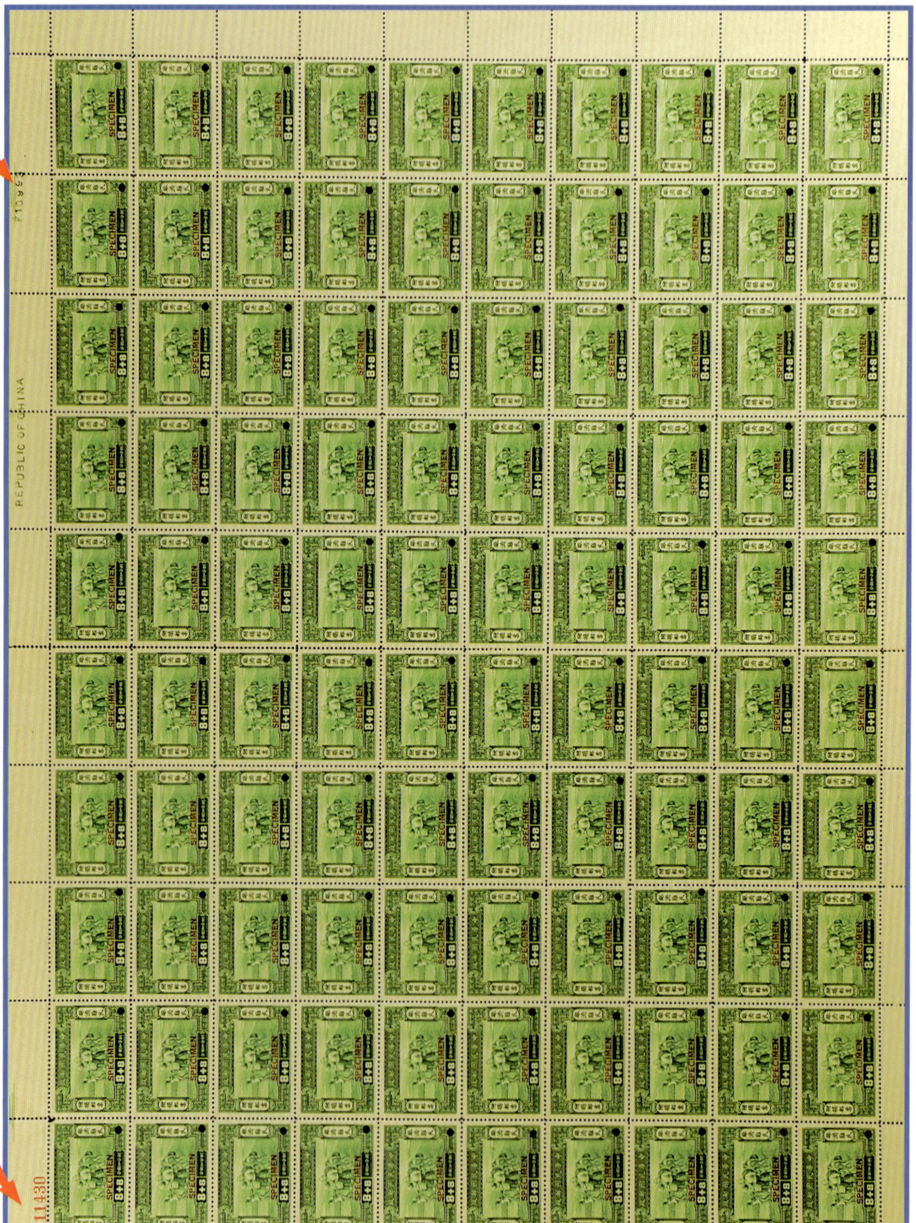

图35-4

样票,在 1 号票左上角印有重印编号 F11430(红色),在 7、8 号票上方印有绿色的 REPUBLIC OF CHINA,在第 9 号票上方印有绿色的第一次编号 F10993。

全部邮票,于 1943 年 2 月印刷完成,分装 10 箱,于 4 月 5 日在巴尔铁摩港交由"托马斯·潘恩"(Tomas Paine)号轮船运往加尔各答,转运昆明,但历时甚久,未见运到;再三追查,始知该邮票 10 箱,确于 7 月 11 日运到加尔各答,但被美国陆军连同军用品一并移存他处。再三交涉,首先寻出 9 箱,于 1944 年 3 月 9 日空运昆明转重庆;其余一箱于 4 月 12 日空运昆明转重庆。连同前存之小全张 6 箱,一并由中央信托局印刷厂加印改值,以符合当时通用邮资,如表 35-2:

表 35-2

原面值	加印面值	数量	用途
8 分+8 分	4 元+4 元	10 万枚	国际信函
21 分+21 分	5 元+5 元	10 万枚	国内挂号
28 分+28 分	6 元+6 元	10 万枚	国内挂快
33 分+33 分	10 元+10 元	10 万枚	国际挂号
50 分+50 分	2 元+2 元	50 万枚	国内信函
1 元+1 元	20 元+20 元	10 万枚	包裹贴用

图35-5

加印方法,小全张用雕刻铜板凸印黑色。普通邮票大张用电镀铜版600个单面凸印黑色。原来面值,则用波丝状掩盖(附图35-5)。全部加印完后,分发各邮区备售,于1944年10月10日正式发行。

从1938年决定印"赈济难民邮票",到1944年发行,历时6年之久,也可谓多灾多难矣。

除加印损坏及总局存样和分发邮联各国之数不计外。普通票整套发行者为89842套,小型张为125000张。普通邮票齿孔为12度,而小型张齿孔为11.5度,两者不一样,这也可算是一个特点。

此票印制精致,检查也严格,未见有变体。但小型张有漏加盖者,但漏加盖张上可见曾被加盖之压痕,可知系加盖时误以重叠二张放入,在下面的一张被遮隔而成全部漏加盖。也发现有加盖移位的,是加盖时小型张位置未放正造成的。

应用实例:1945年4月30日东川铜梁寄成都的航空挂号信(附图35-6)。

图35-6

三十六、"资助防痨"附捐邮票

20世纪40年代,肺结核病在全世界各地流行蔓延,当时已成为严重威胁人类生命和健康的一种传染性疾病。而我国由于抗日战争,人民颠沛逃难,再加上抗战后通货膨胀,民不聊生,肺结核病的传染更广,死亡率也更高。

上海市各团体机关鉴于我国患肺结核病者日益增多,医疗预防亟应兼施,发起组织"上海防痨联合会委员会"。调查致病原因,主要是随地吐痰而致相互传染,于是又发起组织"劝止吐痰运动委员会"。两会成立后,积极开展工作,为使此项运动遍及全国起见,该两会于1947年12月5日分别函请交通部转颁全国各地邮局以"痰能传痨切勿乱吐"标语刻制图章,自1948年1月16日起半年内加盖于每一信件上,以引起人们的注意,而收扩大宣传的效果。

为了推动防痨运动的开展,同时唤起民众资助国家防痨和卫生事业,决定发行"资助防痨"附捐邮票,经交通部邮政总局与卫生部防疫司多次接洽,由卫生部防疫司提供图案,经邮政总局按邮票印制比例要求重新绘制,由上海大业印刷公司以胶版印制。

该票主图案为万里长城,寓"防"之意,上端刊"中华民国邮政"字样,下端刊"资助防痨"四字,右侧竖印中文面值及另加附捐2000元,左下方印阿拉伯数字面值及附捐值。左上角以红色印醒目之防痨标记"十"(附图36-1、图36-2)。

防痨标记系采用中古时之"洛林十字架"(Cross of Lorraine),此十字架之式样,下方一横较上方一横

图36-1

图36-2

稍长,为合希腊式与罗马式而成,称为教长十字形,在 9 世纪以前之拜占庭艺术中,常有此种十字形,至今仍被认为希腊正教之标记。1429 年,当英军围攻法国城市奥尔良时,女民族英雄贞德挺身而出,率军打退英军,解奥尔良之围,当解围时"圣女"贞德即携带此种十字架。洛林十字架被认为象征希望与博爱。

当 1902 年世界防痨会议在德国柏林开会时,巴黎名医色西隆提议以此古老的洛林十字架标记作为防痨协会之徽章,会议采纳了这个建议,普遍用作防痨工作的标记。但防痨邮票上印成上下两横一样长,稍有不合;而两横的尖端有短直线向斜上方突出,稍增美观。变体有漏印红色"洛林十字架者"(附图 36-3)。

图36-3

图幅为纵 30 毫米、横 23 毫米,邮局全张为纵五横十之 50 枚式。分有齿无齿两种,有齿票齿孔为 14 度。面值、刷色及发行数量见下表 36-1。中文厂铭"大业印刷股份有限公司"位于第 50 号票下方,英文厂铭"DAYEH PRNTING GO.LTD"位于第 41 号票下方(附图 36-4、36-5、36-6)。

表 36-1

面值 + 附捐	刷色	有齿印数	无齿印数	用途
5000+2000 元	青莲、红	100 万枚	50 万枚	国内平信
10000+2000 元	淡茶、红	50 万枚	50 万枚	国内挂号
15000+2000 元	蓝灰、红	50 万枚	50 万枚	国内挂快

共印 350 万枚。邮政总局原与大业印刷公司签订合同,印制童子军邮票 600 万枚,后童子军票停印。改印"邮政纪念日邮票展览"邮票 250 万枚,此次又将余数 350 万枚改印防痨邮票。

350 万枚每枚另加附捐 2000 元,总计为 70 亿元;其中扣除邮政总局存档及赠送联邮各国共 17400 枚,可得捐款 69 亿 6520 万元,全部用作推动全国防痨事业之用。该项捐款卫生部计划用于三项用途:①印制资助防痨邮票放

图36-4

图36-5

图36-6

大挂图支出 25 亿元;②摄制防痨电影及幻灯片支出 25 亿元;③出版防痨小册及期刊副刊计 19.65 亿元。

图36-7

这套邮票于 1948 年 7 月 5 日发行,不到一个月各地均已售完,可见人民支持防痨之热诚。

后邮局又拟发行红十字会附捐邮票(附图 36-7),支持卫生事业,但未能发行。

应用实例:1948 年 9 月 2 日杭州寄长沙之国内平信(附图 36-8)。

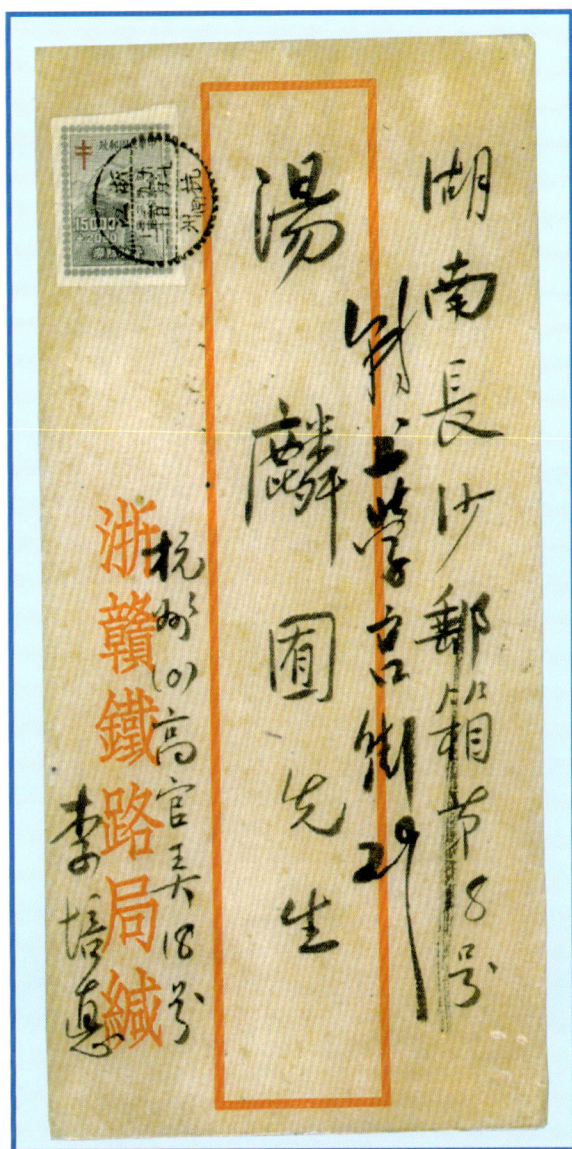

图36-8

附 录

三十七、中华邮政邮资变化的研究

中华邮政自 1912 年到 1949 年 9 月 30 日，历时 38 年，而邮资增长几千亿倍，这在现在看是不可思议的，但是却确切反映了国民党政府政治腐败、经济崩溃、物价飞涨、民不聊生的情况。为了帮助研究民国邮政的邮友了解当时物价指数和邮资上涨的历史情况，根据曾历任国民党政府中国银行总经理、财政部长及中央银行总裁的张嘉璈先生所著《中国通货膨胀史》和中国人民银行的统计资料，编写本文，供读者参考。

（一）抗战前（1919—1937）

自清朝宣统二年（1910 年）实行银本位制，以银元为主币；辛亥革命，推翻清政府后，仍以银元为主币。直到 1935 年 11 月 4 日，国民党政府实行法币政策（兑换银元）。因此抗战前物价基本是稳定的，反映在邮资上也变动不大，参见附表 37-1。

表 37-1　　　　　　　　　　抗战前邮资增长情况

时期	国内平信		国内单挂号信		国际平信	
	邮资	增长倍数	邮资	增长倍数	邮资	增长倍数
1912.1.1–1925.10.31	0.03	1	0.08	1	0.10	1
1925.11.1–1932.4.30	0.04	1.33	0.10	1.25	0.10–0.25	1–2.5
1932.5.1–1932.5.19	0.06	2	0.16	2	0.25	2.5
1932.5.20–1939.8.31	0.05	1.67	0.13	1.63	0.25	2.5

本文以抗战前夕 1937 年 1 月—6 月作为研究的基数。

(二)抗战时的通货膨胀

抗战开始后(1937—1945 年),短短几个月中,中国农、工生产富庶之区被日寇占领;1938 年 10 月武汉、广州相继沦陷。到 1938 年底,日寇占有了中国土地的 1/3,农业生产的 40%,工业生产能力的 92%。沿海各地的丧失,对中国经济产生了严重的影响。军事开支占政府总支出 75%,财政赤字大幅度上升,参见附表 37-2。

面对巨额财政赤字,政府只有三个办法:一是增发钞票,二是发行公债及鼓励储蓄(1940 年后由于货币贬值,储蓄大幅度下降),三是增加征收农民田赋。

表 37-2　　　　国民党政府的支出、收入和赤字　　　　(单位:百万法币)

时期	支出额	收入额	财政赤字	钞票发行增加额
1936-1937 年 6 月	1894	1972	(盈 78)	–
1937 年 7 月-1938 年 6 月	2091	815	1276	320
1938 年	1168	315	854	679
1939 年	2797	740	2057	1980
1940 年	5288	1325	3963	3580
1941 年	10003	1310	8693	7230
1942 年	24511	5630	18881	19300
1943 年	58816	20403	38413	41000
1944 年	171689	38503	133186	114100
1945 年	2348085	1241389	1106696	842400

大量发行钞票(1945 年比 1938 年钞票增发 1240 倍),加上工业品奇缺,影响物价迅速上涨。特别 1941 年日本发动太平洋战争后,香港沦陷,1942 年滇缅公路被切断,更使后方物价飞涨,参见附表 37-3。

表 37-3　　　　中国后方批发物价指数(1937 年 1-6 月=100)

时期	中国后方批发物价指数	外汇汇率美元与法币比值
1937 年 1-6 月	100	100
1937 年 12 月	109	100
1938 年 12 月	155	187
1939 年 12 月	306	424
1940 年 12 月	802	522
1941 年 12 月	2112	555
1942 年 12 月	6125	555
1943 年 12 月	22303	2464
1944 年 12 月	68006	16706
1945 年 12 月	212784	—

抗战八年中,后方物价上涨了 2127 倍,相应的邮资也调整上涨,参见附表 37-8。

(三)抗战后的通货恶性膨胀(1945 年 8 月 15 日—1948 年 8 月 19 日)

1945 年 8 月 15 日,日本宣布无条件投降。人们渴望和平,毛泽东亲赴重庆谈判,签订"双十协定"。但是国民党政府置人民的愿望于不顾,悍然发动内战,在政治上、经济上、军事上都失去民心,这就决定了国民党政府必然要失败。但是,庞大的军费开支,严重的通货膨胀,又陷人民于水深火热之中,参见附表 37-4。

表 37-4　　　国民党政府抗战胜利后的支出、收入和赤字　　　(单位:百万法币)

时期	政府支出数	政府收入数	财政赤字	赤字占支出比例	钞票发行增加额
1945 年	2348085	1241389	1106696	47.1%	842400
1946 年	7574790	2876988	4697802	62%	2644200
1947 年	43393895	14064383	29329152	67.60%	29462400
1948 年 1-7 月	655471087	220905475	435565612	66.50%	341573700

在短短三年里,政府支出增加 279 倍,财政赤字增加 394 倍,货币增发 405 倍,造成极端恶劣的通货膨胀,参见附表 37-5。

表 37-5 　　1946 年 6 月-1948 年 8 月外汇汇率和国内物价(1946 年 1-6 月物价指数为 100)

时期	外汇汇率		上海批发物价指数
	美元的官方汇率	美元的市场汇率	
1946 年 12 月	3350	6063	681563
1947 年 6 月	12000	36286	2905700
1947 年 12 月	77636	149615	10063000
1948 年 6 月	1273000	2311250	19769000
1948 年 8 月	7094625(8 月 18 日)	8683000(8 月 10 日)	558900000(8 月 19 日)

从表 37-5 可见,1948 年 8 月 19 日, 物价比 1946 年上半年暴涨了 5589000 倍。经济已到了崩溃的边缘。相应的邮资也调整上涨,参见附表 37-8。

(四)金圆券时期(1948 年 8 月 19 日—1949 年 4 月 26 日)

1948 年 8 月 19 日,国民党政府实行"货币改革",发行"金圆券",每一元"金圆券"含金量为 0.2217 厘克黄金, 与法币的兑换率为每一元金圆券等于 300 万元法币。金圆券的发行额以 2 亿元为限,准备金的 40% 为黄金、白银和外汇。所有商品的价格一律按 8 月 19 日的价格折合金圆券加以冻结,不准擅自涨价。私人不得持有黄金、白银、外汇及大批囤积物资(如棉纱等),其已持有者,全部上缴,政府以金圆券作价收兑。蒋经国亲驻上海督察执行以上各项规定,在上海还调派秘密警察协助严厉执行,逮捕和枪决了一些"违反规定者"。

在实行金圆券"法令"时,共收缴了黄金 1677163 盎司,白银 8881373 盎斯, 银元 23564068 元, 美钞 49851876 元, 港币 86097450 元, 以及外币存款 10697755 元,共计美元 179612197 元,实行了一次大规模的掠夺,而所给的金圆券几个月后即成废纸。

"限价"实行了 40 天,10 月上海突然刮起抢购之风,物价暴涨,一周之内物价竟上涨了 11 倍。再加上辽沈、淮海、平津三大战役国民党军队失败的影,在 1948 年政治、经济极不稳定的形势下，"金圆券"彻底垮台（参见附表 37-6），相应的邮资也飞速上涨（附表 37-8）。

表 37-6　　　　　1948 年-1949 年上海批发物价指数和美元汇率

时期	1 元美金等于金圆券		上海批发物价指数
	官方结汇汇率	市场汇率	
1948 年 8 月（19-31 日）	4	4	100
9 月	4	4	106
10 月	4	15	118
11 月	28	42	1365
12 月	122	135	1921
1949 年 1 月	240	700	6900
2 月	2660	2980	40825
3 月	16000	17700	–
4 月	205000	813800	–
5 月（1-21 日）	–	23280000	

（五）银圆券时期（1949 年 4 月 27 日—1949 年 9 月 30 日）

1949 年 4 月 24 日，南京解放，国民党"政府"迁到广州，改采用银本位，每一银圆券折合金圆券 10 万元，但人民拒绝使用，经济已彻底崩溃。

（六）小结

从以上各个阶段物价飞涨情况，表 37-7 列出了"中华民国物价指数"；表 37-8 列出了"中华邮政资费增长情况"（均以抗战前 1937 年 1—6 月为基数）。

从表 37-7、表 37-8 可以看出物价和邮资的增长倍数。物价指数以抗战前的 1937 年 1-6 月平均数作为基准，到抗战胜利（1945 年）全国物价指数增长了 1631 倍；而到 1949 年 4 月，3 年 4 个月时间增长到 6300 亿倍。1939 年 8 月 31 日到 1949 年 9 月 30 日，十年中邮资增长几千亿倍。如国内平信邮资 1932-1939 年 8 月 31 日为法币 5 分，而到 1949 年 8 月为银圆 5 分，看起来都是 5 分，但是中间经过了法币改金圆券（1948 年 8 月 19 日，300 万元法币换 1 元金圆券）和金圆券改银圆（1949 年 4 月 25 日，10 万金圆券换 1 元银圆，相差的倍数是 3000000×100000=3000 亿倍（表中写成 $3×10^{11}$，即 3 后面加 11 个 "0"）。国内单挂号信增长了 4570 亿倍，国际平信增长了 1800 亿倍。

表 37-7 中华民国物价指数

时期	年代	物价指数	增长倍数
抗战前	1937 年 1-6 月	100	1
抗战中	1938 年	131	1.31
	1939 年	220	2.2
	1940 年	513	5.13
	1941 年	1296	12.96
	1942 年	3900	39
	1943 年	12541	125.41
	1944 年	13197	131.97
	1945 年	163160	1631.6
抗战后	1946 年 6 月	375273	3752.7
	1946 年 12 月	627210	6272.1
	1947 年 6 月	2483000	$2.48×10^4$
	1947 年 12 月	10340000	$1.03×10^5$
	1948 年 7 月	287700000	$2.88×10^6$
	1948 年 8 月	186.3 注	$5.59×10^6$
	1948 年 12 月	3583.7	$1.07×10^8$
	1949 年 1 月	12876.2	$3.86×10^8$
	1949 年 2 月	89788.6	$2.7×10^9$
	1949 年 3 月	405320	$1.2×10^{10}$
	1949 年 4 月	20957009	$6.3×10^{11}$

　　注:①1948 年 8 月 19 日,改用"金圆券",比值为 300 万:1,故指数减少。②后期增长倍数太大,10^4 即 1 万倍,10^8 即 1 亿倍,10^{11} 即 1000 亿倍。

　　但是实际上邮资的调整已经赶不上物价的上涨速度,因此在 1949 年 5 月 2 日发行了上海大东版单位邮票,1949 年 7 月又发行了香港亚洲版单位邮票;四枚票以不同图案及刷色代表:①国内信函费;②国内挂号费;③国内快递挂号费;④国内航空费。具体邮资按当天邮局挂牌金额收取,有时上午、下午邮资就增加了,可见当时物价上涨,经济混乱的情况。

1949 年 10 月 1 日,中华人民共和国成立,六大解放区邮资到 1950 年 1 月 10 日后统一为全国统一邮资标准,国内信函邮资 800 元(8 分)一直用到 1990 年 7 月 30 日,40 年不变,可见新中国成立后政治经济之稳定。

表 37-8　　　　　　　　中华邮政邮资增长情况

时期	年代	国内平信		国内单挂号		国际平信	
		邮资	增长倍数	邮资	增长倍数	邮资	增长倍数
抗战前	1912.1.1—1925.10.31	0.03	0.6	0.08	0.62	0.10	0.4
	1925.11.1—1932.4.30	0.04	0.8	0.10	0.77	0.1-0.25	0.4-1
	1932.5.20—1939.8.31	0.05	1	0.13	1	0.25	1
抗战中	1939.9.1—1940.9.19	0.05	1	0.13	1	0.50	2
	1940.9.20—1941.10.31	0.08	1.6	0.21	1.6	0.50	2
	1941.11.1—1941.11.30	0.15	3	0.40	3.1	1.00	4
	1942.12.1—1942.11.30	0.16	3.2	0.42	3.2	1.00-1.50	4-6
	1942.12.1—1943.5.31	0.50	10	1.50	11.5	1.50	6
	1943.6.1—1944.2.29	1.00	20	3.06	23	2.00	8
	1944.3.1—1945.9.30	2.00	40	5.00	38.3	2-4	8-16
抗战后	1945.10.1—1946.10.31	20.00	400	50	383	30-300	120-1200
	1946.11.1—1947.6.30	100	2000	250	1917	300-1100	1200-4400
	1947.7.1—1947.12.10	500	10000	1250	9585	1100-8000	4400-32000
	1947.12.11—1948.4.4	2000	4×10^4	5000	3.8×10^4	8000-25000	$3.2\times10^4-1\times10^5$
	1948.4.5—1948.7.20	5000	1×10^5	15000	1.15×10^5	50000	2×10^5
	1948.7.21—1948.11.5	15000	3×10^5	45000	3.45×10^5	3000000	1.2×10^6
改金圆券 300 万:1	1948.11.6—1948.11.18	0.5 分	3×10^5	1.5 分	3.45×10^5	35 分	4.2×10^6
	1948.11.19—1948.12.31	10 分	6×10^6	40 分	9.2×10^6	2-4 元	$2.4\times10^4-4.8\times10^5$
	1949.1.1—1948.2.6	50 分	3×10^7	2 元	4.6×10^7	20 元	2.4×10^8
	1949.3.1—1949.3.10	25 元	1.44×10^9	105 元	2.4×10^9	300 元	3.6×10^9
	1949.3.11—19493.31	50 元	2.88×10^9	200	4.57×10^9	800	9.6×10^9
	1949.4.1—1949.4.16	100 元	5.76×10^9	400	9.14×10^9	4400	5.3×10^{10}
	1949.4.17—1949.4.26	1500 元	8.64×10^{10}	6000	1.37×10^{11}	11000	1.3×10^{11}
改银圆 10 万:1	1949.4.27—1949.7.31	4 分	2.3×10^{11}	16 分	3.65×10^{11}	15 分	1.8×10^{11}
	1949.8.1—1949.9.30	5 分	3×10^{11}	20 分	4.57×10^{11}	15 分	1.8×10^{11}

三十八、在美国印制的雕刻版邮票和试模样张图幅尺寸不一致的讨论

2008 年 7 月，上海泓盛拍卖有限公司拍卖目录中第 2658 号拍卖品为"美国开国百五十年纪念邮票"的试模样张，笔者当时因工作无暇参加拍卖，就委托上海刘广实先生代为购买。刘先生以丰富的邮

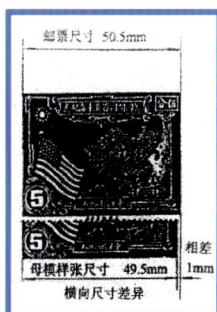

图38-1

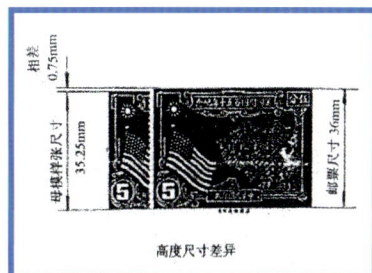

图38-2

识和经验，发现该试模样张与实际发行的邮票图幅尺寸不一致。刘先生把该实际使用的邮票盖在试模样张上面，横向左侧对齐，即可看出右侧有差异（附图 38-1）；又把邮票和试模样张纵向下面对齐，也可看出上面有差异（附图 38-2）。刘先生把该试模样张和二张复印图片一起寄给我，并嘱我对美国钞票公司给中华民国印制的其他几套邮票的试模样张和实际发行的邮票实际尺寸进行测量对比，同时对发生差异的原因进行分析。

我同意刘广实先生的意见，并对中华民国邮政总局委托美国钞票公司印制的 4 套邮票和试模样张选取相同面值的邮票进行测量对比。测量方法曾委托大型机械制造厂精密计量室用光学万能工具显微镜测量，可测到小数后三位，但因纸质邮票定位不准，无法测出有可比性的确实尺寸；后请有经验的老技师用卡尺尖端比照测量，得出数据如表 38-1 所示。

从表 38-1 可以看出：试模样张图幅均比实际发行的邮票为小，差异大体为 2%左右（因为还有测量误差，纸张收缩等因素）。

为什么会有差异？笔者在测量对比后，将测量情况与刘先生联系后，刘先生认为最好向美国钞票公司查询一下。笔者就将上述测量情况，特别是邮票

名称、委托印制日期、美国钞票公司编号等情况函告在美子女,他们已在美学习、工作多年,语言沟通没有困难。但是遗憾的是,一年多来,他们通过电话、电子邮件、网络和美国钞票公司多次沟通,答复是"美国钞票公司在上世纪四十年代前曾承印过中国雕刻版邮票,五十年代后就没有再印过中国邮票,事隔多年,无法查询"。

表38-1　　　　　　　实际发行邮票与试模样张尺寸差异　　　　尺寸单位:公厘

邮票名称	发行日期	美国钞票公司编号	邮票面值	横向尺寸差异			高度尺寸差异		
				试样	邮票	差异	试样	邮票	差异
美国开国百五十年纪念	1939年7月4日		5分	49.5	50.5	2%	35.25	36	2.1%
"赈济难民"附捐邮票	1944年10月10日	F10993	8分+8分 33分+33分	37.75	38.5	2%	27.75	28.25	1.8%
林故主席纪念	1945年8月1日	F11741	6元 2元	21.5	22	2.3%	31	31.5	1.6%
邮政总局成立五十周年	1947年12月16日	F12350	200元	21	21.5	2.4%	31	31.5	1.6%

据了解,美国钞票公司有4个印刷厂,分别在东部的纽约、费城,中部的丹佛和西部的洛杉矶,而制版则集中在费城印刷厂。美国钞票公司以印刷钞票为主,兼印邮票,因此虽可开放参观,但内部保密制度控制甚严,一般人难以查询到详细情况。

2008年12月,中华全国集邮联合会在北京国家邮票印制局召开六届二次理事会,欣遇邮票印制局负责同志,他又是雕刻版印刷专家,会上抽空请教了雕刻版印刷技术。(因会期仅半天,会上印制局负责同志是东道主,要照料全部会务,会后我未及参加招待午宴即匆匆赶赴机场,未能深谈。)

雕刻版印刷是先在优质中碳钢板上雕刻钢模,印出试模样张审查合格后;再把钢模高温淬火至洛氏硬度HRc70度以上,不回火,保持高硬度。再用优质中碳钢(含碳量稍低)磨光的钢轴滚过淬火钢模,将邮票图案反印到钢轴上,钢轴再高温淬火至洛氏硬度HRc70度以上,仍不回火。再用钢轴滚压黄铜板,在黄铜板上压出邮票图案。黄铜板表面再电镀硬铬,镀层厚度约0.2公厘左右,镀硬铬后即成印刷邮票的雕刻版模版。

　　笔者是学机械制造的, 也搞过几年金属材料及热处理并出版过专著,听了介绍就联想到邮票尺寸加大的主要原因在二次淬火,不回火。优质中碳钢高温淬火后的金相组织是"马氏体",马氏体硬度高,是粗大针状组织,体积膨胀约1%。因高温激冷有内应力,易爆裂,因此一般中碳钢机器零件需再进行中温或高温回火,得到细密的"珠光体"组织,硬度也降低到布氏硬度HB240–280,体积也大致恢复到原尺寸(稍有变形)。而在雕刻版制模技术中,需要高硬度,不回火,因此二次高温淬火尺寸约增加2%左右,最后铜版镀铬又增加0.2公厘。这就是最后印刷发行的邮票比试模样张尺寸大2%左右的原因所在。

　　我们讨论了试模样张和实际发行的邮票图幅尺寸不一致,但未能达到刘先生要求向美国钞票公司核实第一手原始资料及工艺的要求。我国许多著名集邮家拥有大量样张;有的集邮家旅美多年,见识广博,本文抛砖引玉,尚请识者指正。

参考文献　Bibliography Literature

1、马氏邮票图鉴　　　　　　　　　　　　　　　马任全、马佑璋

2、中国邮票图鉴（1878-1949）　　　　　　　　　陈兆汉

3、中华民国邮票目录(1912-1949)　　　　　　　集邮杂志社

4、近代邮刊　　　　　　　　　　　　　　　　　钟笑炉

5、华侨邮刊　　　　　　　　　　　　　　　　　李颂平

6、新光邮票钱币杂志　　　　　　　　　　　　　张包子俊

7、中国邮票研究会会刊(16-23 期）　　　　　　　李文亮

8、中国邮票讲话　　　　　　　　　　　　　　　初庵（邵洵美）

9、民国纪念邮票　　　　　　　　　　　　　　　公孙柳（刘仲良）

10、邮乘　　　　　　　　　　　　　　　　　　中华邮票会

11、甲戌邮刊　　　　　　　　　　　　　　　　甲戌邮票会

12、中国早期集邮文献集成　　　　　　　　　　蔡文波

13、中华邮政图鉴（第 8 卷）　　　　　　　　　水原明窗

14、邮坛见闻录　　　　　　　　　　　　　　　杨耀增

15、中国邮票史（第三、四卷）　　　　　　　　中国邮票史编审委员会

16、中华邮政图集（1912-1949）　　　　　　　　中国第二历史档案馆等编

17、中国第二历史档案馆藏邮票邮品精选　　　　米士龙、马振犊主编

18、中国邮政事务总论　　　　　　　　　　　　交通部邮政总局

19、集邮与中国邮资　　　　　　　　　　　　　刘道宜

20、中国通货膨胀史　　　　　　　　　　　　　张公权（嘉璈）